CAREER DESIGN

역량기반 진로설계

**목표를 향한 진로설계와 취업을 위한 구체적인 준비가
사회진출을 준비하는 대학생활의 첫 걸음입니다.**

'뛰어난 사람'보다 '적합한 사람'이 바로 사회가 요구하는 인재의 모습입니다.

우리는 지금 '불확실의 시대'를 살고 있습니다. 시대는 시시각각 변하고 있으며, 변화의 속도 또한 매우 빨라서 미래가 언제 어떤 모습으로 나에게 다가올지는 아무도 모르는 일이 되었고 다양한 직업 분화에 따라 직업의 구조도 다양화, 세분화, 전문화되고 있으며, 그 종류도 많아지기 때문에 분야별 전문 인력을 요구하는 산업현장의 목소리가 커지고 있는 추세이기도 합니다.

이러한 사회의 요구에 반해 취업에 대한 열의로 똘똘 뭉친 대학생들 가운데서도 자신의 미래나 진로에 대해 구체적으로 고민하거나 설정하지 않은 사람들이 많은 것이 현실이고, 취업에 대한 구체적인 방향과 전략을 가진 대학생들이 별로 없는 것이 현실입니다.

학년에 관계없이 거의 모든 대학생들이 캠퍼스의 낭만보다는 취업에 대한 걱정으로 마음이 무언가에 항상 쫓기는 사람처럼 힘들어하고 있지만, 정작 준비상황을 살펴보면 학점·토익점수·자격증 등 소위 '스펙쌓기'에만 집중하는 모습을 볼 수 있습니다.

취업교과목, 취업캠프, 입사서류 컨설팅 등 다양한 취업준비 방법들이 도입되고 많은 대학생들이 관심을 갖고 참여하고 있는 현실은 퍽이나 다행스러운 일이지만 정작 자신이 하고자 하는 일과 직장에 대한 관심과 계획은 구체적이지 않은 채로 입사서류를 잘 쓰는 방법, 면접 잘 보는 방법 등 요령에만 관심이 많은 것 같아 아쉬울 때가 많습니다.

그저 막연하게 좋은 직장에 취업을 하고 싶다거나, 무슨 일이든 시켜만 주면 열심히 하겠다는 다소 황당한 생각만으로는 100만 청년 실업자 대열에서 벗어나기 어렵다는 사실을 직시하여야 합니다.

특히 노동시장에 진입하는 고학력의 신규 구직자들이 많은 시간과 노력을 통해 어렵게 취업한 첫 번째 직장에서도 잘 적응하지 못하고 1년 반 이내로 자기와 맞지 않다고 그만둔다는 현실을 감안할 때 근본적으로 대학생 스스로가 자신의 진로를 설계하고 미래를 준비하는 데 도움을 줄 수 있는 경력개발 계획을 수립하고 자신에게 맞는 취업 준비가 절실하다는 생각입니다.

이런 시대의 변화 속에서 자기의 중심을 지키지 않으면 혼란스러운 사회 환경에 대처하기가 힘들어질 수 밖에 없습니다. 이러한 현실에서 자신의 중심을 똑바로 지키기 위해서는 분명한 직업 가치관, 건실한 생활태도 등 여러 가지 요소가 요구되지만, 직업선택에 있어서 무엇보다 중요하고 먼저 시행되어야 할 것이 바로 '자신만의 진로설계와 경력개발'이며, 그 다음으로 중요한 것이 이에 맞는 구체적인 취업 준비입니다.

제대로 설정된 자신의 진로는 안정된 미래를 담보할 것이며, 안정된 미래는 곧 후회 없는 삶으로 연장됩니다. 제대로 된 진로설계를 위해서는 먼저 자기 자신을 제대로 파악하기 위한 정확하고 객관적인 자기진단이 필요하며, 이를 바탕으로 한 개인의 진로설계는 빠르면 빠를수록 좋습니다.

이에 그 동안 학교현장에서의 경험을 바탕으로 한 교재를 통하여 자신의 미래 진로를 설계하고 효과적인 경력관리를 통해 성공적인 취업준비를 위해 자신만의 포트폴리오를 구성하는데 작으나마 도움이 되기를 바라며, 이 책을 자신의 진로설정과 취업준비를 고민하며 힘겨워하는 모든 대학생들에게 바칩니다.

2015년 여름
저자들이...

contents

CAREER
DESIGN

1

꾸는 것과
품는 것의 차이

SECTION INTRO

인생에서 중요한 것들은 무엇입니까?

이 동영상은 예전 "TV 동화 행복한 세상"이라는 프로그램의 한 이야기입니다. 물론 동화의 이야기가 말하는 주제는 다른 이야기겠습니다만은, 진로탐색이라는 주제를 우리가 본격적으로 이야기하기 전에 여기서 그 유명한 철학교수님이 물으신 것처럼 똑같이 여러분에게 묻고 싶습니다.

여러분은 지난 20년을 통해 부모님과 많은 이들의 도움으로 인생이라는 저 커다란 상자를 만들었습니다.

그리고 이 대학생활을 통해 그 인생이라는 상자 안을 무엇으로 채울지를 준비하고 있습니다.

그 상자 안에 무엇을 채울지, 어떤 순서로 채울지에 따라 여러분의 인생이 많이 달라질 것입니다. 작은 것을 먼저 넣고 큰 것을 넣으려면 한정된 우리 인생이라는 상자 안에 여러분이 생각하고 바라는 중요한 것을 다 담아내기 어려울 것입니다. 그렇다면 여러분이 생각할 때 인생에서 가장 중요한 것들이 무엇인지, 그리고 어떤 순서로 채울 것인지를 이제는 정하고 가야 합니다.

내 인생의 상자 안에 제일 먼저 넣을 탁구공은 무엇입니까? 그런 다음 넣을 자갈은 무엇입니까? 또 그런 다음 넣을 모래는 무엇입니까? 그리고 마지막으로 부을 홍차는 무엇입니까?

내 인생이라는 상자에 나는 무엇을 어떻게 담을 것인가?

| 탁구공 | 자갈 | 모래 | 홍차 |

NEWS BRIEFING

당신의 가장 큰 걱정거리는 무엇입니까?

대학생들의 가장 큰 걱정은 '취업'…
"1학년 때부터 준비" 41%

예비 신입생 324명을 대상으로 조사한 결과 '대학 생활에서 가장 걱정되는 것이 무엇이냐'는 질문에 '취업 준비'를 꼽은 학생이 절반을 넘었다. 취업 준비를 시작하기에 적당한 시기는 41.5%가 1학년, 30.6%가 2학년이라고 답했다. "전국 대학의 30% 정도가 저학년 진로/취업 지원 프로그램을 운영한다"며 "2~3년 전부터 취업 특강에 참석하는 1~2학년이 크게 늘었다"고 말했다. 취업 지원 프로그램 중에서도 '실전'에 가까운 내용이 특히 인기다.

(한국경제, 2015. 03. 10 기사 발췌)

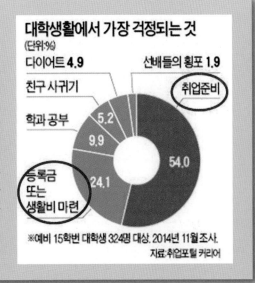

대학생활에서 가장 걱정되는 것
(단위:%)
다이어트 4.9   선배들의 횡포 1.9
친구 사귀기
학과 공부   5.2
9.9   취업준비
등록금 또는 생활비 마련   24.1   54.0
※예비 15학번 대학생 324명 대상. 2014년 11월 조사.
자료:취업포털 커리어

가장 기본적인 고민 해결의 해답 찾기

한때 스타강사였던 김미경씨의 「꿈이 있는 아내는 늙지 않는다.」라는 책을 보면 "총알을 장전하지 않으면 기회가 왔을 때 쏠 수 없다"라는 이야기가 나온다. 대다수의 사람들은 성공한 사람들이 그냥 운이 좋고, 기회가 많아 성공하였다고 생각한다. 하지만 성공한 사람들은 하나같이 무언가 다른 구석들이 있다. 운이 좋고 싶은가? 기회를 얻고 싶은가? 그렇다면, 자신의 꿈이 이루어질 수 있도록 명확한 삶의 자세를 가지고 원하는 바를 이룰 때까지 끊임없이 노력해야 한다. 꿈을 이룬다는 것은 단순한 행운이 아니라 예측할 수 있는 결과다. 이제 머지않아 이 대학생활을 마치게 되면 우리는 사회로 던져질 것이다. 그 때 내가 원하는 꿈을 이루기 위해서는 자신의 시간과 에너지를 투자해야 한다. 그리고 이를 위해서는 무엇보다 아래의 가이드처럼 자기만의 명확한 목표의 방향성을 가지고, 그 목표를 이룰 수 있는 가능성 높은 자기 계획이 필요하다 하겠다.

삶의 방향성을 명확히 가지고 하루하루
어긋나지 않도록 살아간다.

- 길게는 10년까지의 내 삶의 방향성을 갖고 움직인다.
- 나태해지거나 의지가 사라질때, 다시 제자리로 돌아올수 있는 Remind를 가능하게 한다.
- 무슨 준비를 하고, 어떤 삶을 선택 할 것인지의 큰 삶의 방향을 선택할 때 기준이 된다.

Career master plan을 갖고 전략적으로 행동한다.

- 20대를 시작으로 평생에 걸쳐 그려나갈 구체적인 Career Road를 수립한다.
- 내가 원하는 Career를 얻고자 전략적으로 가치를 채득한다.
- 세부적인 사항은 Master Plan에 맞춰 그때마다 Sub Plan을 수립해야 한다.

MAIN THEME 1

남같은 대학생활 VS 남다른 대학생활

대학생활은 인생의 문을 찾고 인생 여정의 길을 찾아 떠나기 위해 마지막으로 준비하는 곳이다. 곧 의학의 발달로 인간의 평균수명이 늘어 80여세를 훌쩍 넘는다고 본다면, 인생이라는 긴 여정의 마지막 준비를 하는 대학생활은 마치 남은 인생 60여년의 여행길을 떠나기 위해 준비하는 마지막 정비소인 셈이다. 이런 대학생활에서 내가 무엇을 찾고 무엇을 행하며 무엇을 준비하는가에 따라 나의 인생이 바뀐다.

1) 남같은 대학생활

대학생활은 새로운 도전의 기회이자 자유롭고 다양한 경험의 장이다. 그래서 우리는 많은 기대와 계획을 한다. 그러나 여기에 그친다면 남같은 대학생활이다. 만일 여러분이 남다른 미래를 꿈꾼다면 우리의 대학생활을 통하여 자신의 미래를 준비하는 남다른 대학생활이 되어야 한다. 하지만 대부분의 학생들은 '진구 따라 강남 간다.'는 말처럼 인생의 큰 틀을 그리지 못하고 내가 진정 원하는 것이 무엇이며, 내가 어디로 향해 가려고 하고 있는지, 또 그런 인생의 여정 길에 필요한 준비가 무엇인지를 모른 채 20대의 대학생활을 소비하고 있다.

2) 남다른 대학생활

그럼 남다른 대학생활은 어떠한 대학생활을 이야기하는 것일까? 예전 tvN채널의 화성인바이러스에 '최고의 스펙수집광'으로 출연한 장찬욱씨는 무려 136개 스펙으로 유명세를 탔다. 물론 시간이 흐르고 트랜드도 변해 그의 방법이 옳은 시절은 끝났지만 그의 대학생활 자세만큼은 남다른 대학생활을 꿈꾸는 대학생이라면 꼭 배워볼 필요가 있다. 그는 방송 중 '깊게 파고 싶어서 넓게 파보았으며 많은 경험이 있는 사람이 어떠한 일이 주어졌을 때에도 더 잘해낼 수 있는 것은 당연하다."라고 이야기하며 대학생활에 대한 자신의 생각을 이야기하고 있다.

그러므로 대학생활을 통해 자신의 역량을 다양한 방법으로 키우는 것도 당연히 중요하겠지만, 같은 역량을 준비하더라도 '남들이 준비해서'가 아니라 '내 목표가 무엇이고 무슨 일이 하고 싶으며, 준비하는 역량이 그 일을 잘 할 수 있는데 어떻게 활용될지'에 대해 충분히 생각하고 주인공으로서 내 인생을 살아가기 위한 대학생활에의 접근자세가 바로 남다른 대학생활의 핵심이자 꿈을 이루는 성공적인 사회진출의 핵심이다.

성공적인 사회진출의 유일한 정답

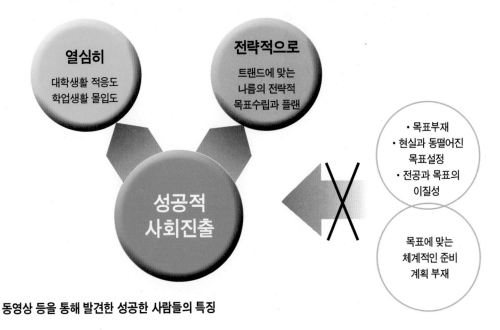

동영상 등을 통해 발견한 성공한 사람들의 특징

'열심함'의 관점에서	'전력적' 관점에서
예시) 시간관리가 철저하다 　　계획 수립 및 실행여부 확인이 철저하다.	예시) 인생 목표가 뚜렷한 것 같다 　　건축학 전공이지만 .. 세부목표가 있다.
1	1
2	2
3	3
4	4

MAIN THEME 2

우리의 대학생활 현주소 진단하기

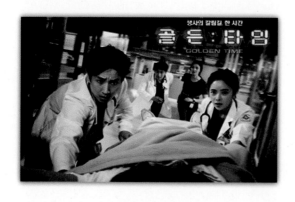

고등학교 때와 달리 대학생이 되고 나니 바뀐 것들이 참 많다. 많은 것들이 자유로 주어진다. 이는 고교생 때까지는 미성년 자로서 부모님의 보호를 받으며 주로 타율적인 학교생활을 하지만, 이제 성인이 된 만큼 대학생활 중에 마주치는 많은 문제들에 대하여 스스로 판단과 결정을 내려야 하며, 그 결과에 대하여 자신이 책임질 줄 알아야 한다. 즉 자유시간이 아닌 자율시간이 우리에게 주어진 것이다.

또한 현실적으로는 대학생활이라는 인생의 골든타임의 시간을 지나가고 있다. 왜냐하면 대학생활을 통해 이룬 바들을 가지고 우리는 사회생활의 첫 발을 시작하기 때문에, 대학생활은 그 첫 발을 결정하는 시간이자 여러분 자신의 평생을 좌우하기 때문입니다. 나에게 주어진 대학생활 즉, 골든타임을 어떻게 보내느냐에 따라서 앞으로의 나의 모양과 색깔이 결정될 것이다.

그러나 여러 가지 이유들 때문에 무엇 하나 마음대로 잘 되지 않는다. 멀리 돌아볼 것도 없다. 지난 방학을 떠올려보자. 모두가 거창한 마음으로 계획을 세우고 시작했지만, 정작 개학 무렵 돌아보면 뭐하나 제대로 이룬 게 없음을 여러 번 경험하고 있다. 그런데 이렇게 시간을 보내다가는 이 골든타임을 허송세월로 마무리하는 수가 생길지도 모른다. 그렇다면 왜 마음먹은 것처럼 열심함으로 보내지 못하는 것일까?

대학새활을 열심히 하지 못하는 이유 찾기

목표

- Whole my target 부재
- 자기만의 명확한 전적인 자기 목표가 없다.

계획

- Whole my plan 부재
- 목표를 이룰 수 있는 가능성 높은 전적인 자기 계획이 없다.

1. 무엇을 하며 살아갈지 너무 막연한 상태인가요?
뭔가 이제는 진로에 대한 결정을 해야 하는데, 도대체 무엇을 해야 할지 너무 막연한 상태입니다. 제가 무엇을 좋아하는지, 무엇을 하고 싶은지도 잘 모릅니다. 막연하게 걱정만 하고 있습니다.

2. 진로 결정을 했지만 확신이 서질 않나요?
현재 결정한 진로는 있지만 정말 그것이 잘된 결정인지 때로는 불안합니다. 누군가에게 확인받고 싶습니다.

3. 진로에 대한 정보가 부족진 않나요?
제가 하고 싶은 일이 있기는 한데 어떻게 구체화시킬지 잘 모릅니다. 어디서부터 어떻게 시작해야 할지, 누구를 어떻게 만나서 도움을 받아야 할지도 막막하기만 합니다.

MAIN THEME 3

남다른 대학생활을 위한 진로고민 앞에 다시 서기

"남과 같이, 남들처럼"이란 말은 오늘날 무한도전의 시대에는 맞지 않는 말이다. 오히려 남과 같은 대학이지만 남다르게 다닐 수 있는 성공적인 대학생활이 되고 남다른 인생이 되려면 다음의 네 가지 원칙에 따른 진로고민을 다시 시작해야 한다.

1

1) 나의 정체성을 발견하고 꿈을 구체화 해 보자.

이제 여러분은 성숙하고 책임 있는 대학생으로서 지금의 자신을 발견하고 대학에 입학한 목적과 이 대학을 통해 이루고자 하는 분명한 목표를 갖고 대학생활을 시작해야 한다. 자신과의 지속적인 대화를 통해 나의 정체성(identity)을 확인하고 올바른 가치관과 직업관 및 삶의 중심 철학이 되는 인생관을 정립해야 한다.

다음과 같은 질문에 대하여 분명한 답을 찾아보도록 하자.

나는 왜 대학에 왔는가?

내가 대학에 입학한 목적은 무엇인가?

내가 대학을 통해 인생에서 이루고자 하는 것은 무엇인가?

2) 인생의 큰 틀(Grand Design)에서 설계하자.

사실 고등학교까지의 학업생활은 시키는 대로 열심히 공부하다보면 대학에 진학할 수 있었고, 또 대학에서도 그럭저럭 준비하다 보면 사회에서의 위치도 어느 정도 보장될 것이라는 바람직하지는 않지만, 나름대로 노력에 대한 보상과 대가가 주어질 것이라는 믿음이 있었다. 지식정보화사회에 접어들면서 공부만 잘하는 학생에게 주는 프리미엄이 본인이 잘할 수 있는 분야에 집중함으로써 얻는 프리미엄으로 자리바꿈하고 있다. 이런 시대를 살아가기 위해서 우리들은 무엇을 해야 할 것인가?

선택과 집중
자신이 잘 할수 있는 분야 선택한 후 골인지점을 향해 집중적으로 공략하자

시각적 목표
삶의 목표와 방향 설정 후 구체적인 방법을 글로 작성하고 바라보자

GRAND DESIGN

3) 진로고민 해결의 구체적 원칙을 기억하자.

실습, 자격증, 학점, 영어 등의 취업 스펙 만들기만을 대학생 역량계발의 핵심이라 여기며 당장 준비하고 보는 것도 열성의 측면에서 긍정적이라고 볼 수도 있겠지만, 사실 취업 스펙을 쌓는 일보다 더 중요한 것이 있다. 그것은 '과연 내가 무엇을 하고 싶은가, 앞으로 어떤 분야에서 일을 하고 싶은가?' 누구나 하게 되는 진로 고민. 이제 다음의 원칙대로 한번 되짚어 보자.

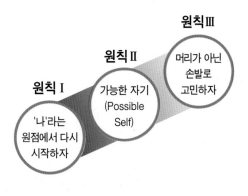

원칙 I
'나'라는 원점에서 다시 시작하자

원칙 II
가능한 자기 (Possible Self)

원칙 III
머리가 아닌 손발로 고민하자

4) 시간관리, 그것이 바로 당신의 무기임을 잊지 말자.

누구는 8학기를 ...
누구는 16학기를 ...
누구는 32학기를 ...

대학을 졸업하기 위해서는 누구나 4~8학기를 이수하여야 한다. 대학생들간의 격차는 수도권이다, 명문대다하는 소위 '간판'이 아니라 등하교, 방학, 공강 시간 등 대학생활 4년을 어떻게 활용하느냐에 따라 졸업시 나의 가치가 달라지기 시작한다.

골든타임은 단순한 행운이 아니라 예측할 수 있는 결과다. 그럼 우리의 골든타임은 언제일까? 앞으로 우리 인생의 첫 번째 골든타임은 대학 졸업일 것이다. 얼마 후 다가 올 골든타임을 위해서 자신의 시간과 에너지를 투자해야 한다.

여러분의 꿈은 무엇인가? 꼭 하고 싶은 일이 있는가? 고학년이 되어 경솔하게 진로설정이 이루어진다면 어떤 모습일까? 그러므로 이제 대학 저학년 시기부터 자신이 꿈꾸는 목표를 구체화하고 점진적으로 노력해서 자신이 원하는 모습의 미래를 맞이할 수 있는 꿈을 이 수업을 통해 함께 만들어 보자.

FINALI-ZATION

직무 역량 시대의 핵심전략:
지원 희망 직무를 세분화해서 설정하라.

한국고용정보원(2010)의 조사에 따르면 한국의 대학생들이 장래희망이 없는 이유로 첫째가 '내가 무엇을 할 수 있는지 몰라서' 이고 둘째가 '나의 성공으로 갈 수 있는 직업을 몰라서' 라고 조사되었다. 결국 '자기 탐색 부족'과 '직업세계 탐색 부족'이 원인이 되어 학업생활 전반에 영향을 미치게 되고, 이것이 곧 의지 및 역량 부족의 결과를 가져오는 것이다.

성공적인 사회진출을 위한 효과적인 대학생활은 임기응변적 기술로 되는 것이 아니라 체계적인 전략이 필요하다. 대학생활을 통해 다양한 노력들도 필요하겠지만 시기에 맞추어 체계적인 목표가 수립되어야 하고, 그 목표가 제대로 수립되어야만 그 목표에 따른 계획도 실효성이 있다. 그러므로 자신이 진정으로 원하고 일하고자 하는 명확한 분야와 목표에 대해 시스템적인 접근하여야 한다. 소위 시스템적 접근이란 구체적이고 가시적으로 결정하고, 이 목표에 근거한 명확한 정보를 기반으로 한 가시적인 계획과 구체적인 행동방안을 가지고 접근을 해야 함을 의미한다.

예를 들어 공모전 하나만 보더라도, 공모전을 통해 우리는 최근 그 회사의 관심이 어디를 향하고 있는지를 파악할 수 있는 것이다. 그렇듯이 일명 사회가 요구하는 경험 중심의 스펙인 인턴십, 직장체험, 직무 관련 아르바이트, 공모전, 봉사활동 그리고 직무 역량 증명을 위한 자격증 등에 시스템적으로 접근할 필요가 있다.

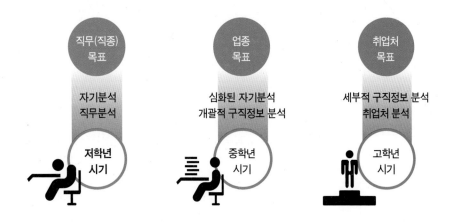

이러한 진로디자인의 시스템적 접근을 위해 우리는 아래의 그림에서와 같은 4단계의 프로세스에 따라 진로를 설계할 것이다.

1단계
- CAREER & JOB MINDSHIP형성
- 대학생활 이상과 사회 현실 이해
- 대학생활 스스로 만들어 가는것

2단계
- 나만의 특성 탐색
- 특성 키워드 부석 중심의 자기분석

3단계
- 전공 기반 직무특성 탐색
- 직무분석 결과와 매칭 & 직무목표 설정 노하우

4단계
- 직업정보 및 구직정보분석 노하우
- 합리적 의사결정 노하우 탐색을 통한 경력개발 목표 설정
- 역량 GAP분석을 통한 경력관리 노하우 습득 및 플랜 설정
- 성공한 사람들의 특별한 습관 탐색을 통한 대학생활 적용

나의 대학생활 엿 보기

지난주 나는 어떻게 대학생활을 하고 있었을까? 하버드 대학의 리처드 라이트 교수는 '성공적인 공부를 하는 학생들은 시간관리를 잘하는 공통된 특징'이 있다고 말하였습니다. 시간을 잘 관리하여 득이 되는 것은 비단 공부뿐만이 아니라 대학생활의 만족도도 높아질 것입니다. 학습활동에 드는 시간을 점검하여 전체 나의 시간을 적절히 계획하여 학습의 효과를 배가시키며 성공적인 대학생활을 이끄는 원동력이 될 것입니다.

지금부터 지난 주 나의 대학생활을 다시 한 번 돌이켜보며 앞으로의 철저한 대학생활 계획을 통해 성공한 나의 모습을 만들어 봅시다.

시간 \ 요일	월	화	수	목	금	토	일
00:00~01:00							
01:00~02:00							
02:00~03:00							
03:00~04:00							
04:00~05:00							
05:00~06:00							
06:00~07:00							
07:00~08:00							
08:00~09:00							
09:00~10:00							
10:00~11:00							
11:00~12:00							
12:00~13:00							
13:00~14:00							
14:00~15:00							
15:00~16:00							
16:00~17:00							
17:00~18:00							
18:00~19:00							
19::00~20:00							
20:00~21:00							
21:00~22:00							
22:00~23:00							
23:00~24:00							

Work Sheet 1-02
주요 활동별 시간 사용 분석표

1-01 워크시트에서 작성한 일주일 간의 시간 사용 목록을 토대로 하여 주요 활동별로 일주일간 사용한 시간과 전체에서 차지하는 비율을 아래와 같이 파악해 보도록 하자.

활동영역	시간	비율(%)	순위	비고
합계		100%		

1. 전체적으로 볼 때 시간을 효과적으로 사용하고 있습니까?

2. 현재의 시간활용 중 효과적인 못한 부분은 무엇이며, 그 이유는?

3. 목표 달성을 위하여 가장 먼저 변화해야 되는 부분은?

2

대학생활,
스스로 만들어
가는 것

SECTION INTRO

대학생... 그 구체적인 진로 고민

대학생들에게는 다양한 걱정거리가 존재한다. 새로운 학과 공부에서부터 등록금 문제, 이성친구 문제 등 이외에도 요즘은 선배들만의 문제로 여겨져 온 취업문제에까지 많은 걱정거리가 있다. 대학생들은 어떤 부분을 가장 많이 걱정하고 있을까? 그리고 나는 어떤 부분을 가장 많이 걱정하고 있을까?

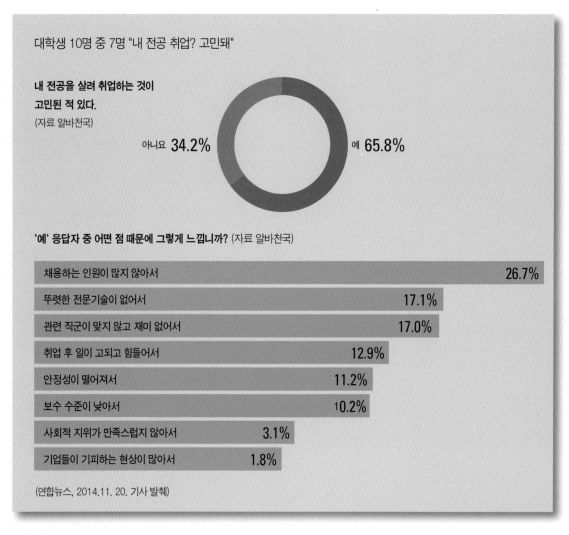

대학생 10명 중 7명 "내 전공 취업? 고민돼"

내 전공을 살려 취업하는 것이
고민된 적 있다.
(자료 알바천국)

아니요 **34.2%**　　　예 **65.8%**

'예' 응답자 중 어떤 점 때문에 그렇게 느낍니까? (자료 알바천국)

채용하는 인원이 많지 않아서	26.7%
뚜렷한 전문기술이 없어서	17.1%
관련 직군이 맞지 않고 재미 없어서	17.0%
취업 후 일이 고되고 힘들어서	12.9%
안정성이 떨어져서	11.2%
보수 수준이 낮아서	10.2%
사회적 지위가 만족스럽지 않아서	3.1%
기업들이 기피하는 현상이 많아서	1.8%

(연합뉴스, 2014.11. 20. 기사 발췌)

요즘 같이 취업이 어려운 현실에서 대학생들에게는 다양한 고민 중 단연 성공적인 취업과 사회진출 문제가 가장 큰 고민이자 걱정거리이다. 대학생들이 고민하는 '취업과 사회진출 문제', 과연 어떻게 효과적으로 해결할 수 있을까?

취업시장의 어려운 현실부터 정확히 알고, 그런 다음 최신 취업 트랜드 확인을 통해 대학생활을 어떻게 효과적으로 해야 되는지 차근차근 알아보도록 하자.

NEWS BRIEFING

대학생 취업난 백서

2

대졸자 기업 들어가려면…100명 지원시 3.1명 합격

청년 취업난이 더 심화된 것으로 나타났다. 대졸 신입사원 취업경쟁률은 대·중소기업 모두 증가한 것으로 나타났다.

한국경영자총협회는 전국 377개 기업을 대상으로 '신입사원 채용실태 조사'를 한 결과, 올해 대졸 신입사원의 취업 경쟁률은 평균 32.3 대 1로 2013년 28.6 대 1보다 더 높아진 것으로 나타났다고 밝혔다.

규모별로는 대기업의 취업경쟁률이 35.7 대 1로 조사돼 6.6 대 1 수준인 중소기업 보다 월등히 높았으며, 신입사원 100명 지원시 서류전형 합격은 49.2명, 면접전형 대상은 16.0명, 최종 합격 인원은 3.1명(2013년에는 3.5명)인 것으로 나타났으며, 중소기업도 15.2명으로 감소했다.

(한국대학신문, 2015. 05. 17. 기사 발췌)

고용절벽 몰린 청년들 '공시(公試)'에 매달리다

청년 실업이 한계 상황을 넘어서는 모습이다. 통계청이 발표한 6월 고용동향에 따르면 청년층(15~29세) 실업자 수는 44만9000명으로 실업률은 10.2%에 이른다.

이런 중에 청년층의 공무원 선호 현상이 갈수록 심화하고 있다. 15~29세 취업준비생 35%가 공무원 임용 시험을 준비하고 있는 것으로 나타났으며, 청년 공시생(공무원시험 준비생) 수는 22만명에 달한다. 이는 중앙정부와 지방자치단체가 뽑는 공무원 수(2만2000명)의 10배에 달하는 숫자다. 이는 고용절벽에 내몰린 젊은 세대의 현실을 고스란히 드러낸다.

한편 일반 기업체 입사를 준비하는 청년은 지난해 25.5%에서 올해 18.9%로 크게 줄었다. 기능분야 자격증 등을 준비한다는 청년은 같은 기간 21.4%에서 22.9%로 소폭 증가했다. 고시·전문직 시험 준비생은 9.8%, 언론사·공기업 준비생은 8.5%였다. 나머지 5.5%는 교원 임용을 준비하고 있었다. 취업난이 갈수록 심화하는 데다 공무원 쏠림현상까지 나타나다 보니 청년들이 졸업 후 취업하기까지 평균 11개월이 걸리는 것으로 조사됐다.

(세계일보, 2015-07-23 기사 발췌)

청년 취업난 얼마나 심각할까
2015년 대졸 신입사원 기준, 전국 377개 기업 대상

평균 취업경쟁률 32.3 : 1

대기업 취업경쟁률 35.7 : 1

중소기업 취업경쟁률 6.6 : 1

최종 합격까지
신입사원 100명 지원시
서류전형 합격 49.2명
면접전형 대상 16.0명
최종 합격 인원 3.1명

자료/한국경영자총협회 연합뉴스

청년층(15~29세) 취업시험 준비 분야
(단위: %)

34.9 일반직공무원
18.9 일반기업체
9.8 고시 및 전문직
8.5 언론사·공영기업체
5.1 교원임용
22.8 기능분야 자격증 및 기타

자료: 통계청

MAIN THEME 1

아무리 어려워도 될 사람은 된다....
그렇다면 사회가 원하는 인재란?

"누가 그 일 잘할 사람으로 보일까?"

첫째. 최근 인재선발의 핵심 트랜드는 바로 "직무",
그리고 "직무역량"이다.

NCS라는 국가직무능력표준이 정부 정책 시스템의 일환으로 어느 순간 인재선발 환경에 핵폭탄처럼 떨어지고, 이미 공기업 등에서는 NCS를 기반으로 한 채용을 시작하고 있으며, 이에 대기업과 기타 기업들에서도 기업 내 직무역량 평가 중심의 선발방식을 개발, 적용하고 있다. 그 배경의 핵심은 그간의 스펙 위주 채용의 한계에서 시작되었다. 즉 우수한 스펙을 가진 신입들을 선발했음에도 해마다 신입사원에 대한 업무수행만족도는 떨어졌고, 조직 및 직무 적응 실패로 인한 조기퇴사자가 급증했기 때문이다. 결국 사회는 일 잘하는 사람이 필요하지, 스펙좋고 우수한 조건을 갖춘 사람을 좋아하는 것이 아니라는 것이다.

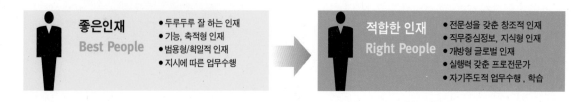

"사람 중심의 HR이 맞는가?(People Management), 직무 중심의 HR이 맞는가? (Job-Based Management)"
여기서 말하는 사람 중심은 이미 확보된 사람을 전제로 그의 역량에 맞게 일을 적절히 조합하는 방식이다. 그러므로 맡겨진 일은 수시로 변할 수 있는 바 요구 역량, 기대 역량의 사전 규정은 큰 의미가 없다. 그러나 최근 강조되는 직무 중심은 필요한 직무를 사전에 세팅해 놓고, 각 직무에서 요구하는 역량을 갖춘 자를 선발, 배치한다. 그러므로 직무 요구자질, 직무 요구역량, 구체적인 직무 기대성과가 사전에 명확히 규정되어야 한다. 만약 기업의 인사책임자라면 누구라도 2세기 인재는 각 지원 부서에서 필요로 하는 직무에 맞는 자질과 역량을 갖춘 인재를 선발하는 것이 기업의 효율성을 극대화하는 가장 좋은 방법이라고 생각할 것이며, 결국 그 핵심은 직무적합도 높은 인재로의 변모이다. 그러므로 핵심은 결국 누가 그 일 잘 할 사람으로 보이겠는가가 문제이며, 이를 위해 자신의 특성을 기반으로 자신에게 맞는 그 일인 직무를 잘 탐색하고 선택하여야 하며, 이 선택된 직무를 기반으로 남은 대학기간 동안 그 직무를 잘할 수 있는 사람으로 자신의 역량을 향상시킬 필요가 있는 것이다. 이것이 바로 최근 인재선발의 핵심이 되고 있는 "핵심직무역량 평가모델"인 것이다.

삼성의 인재채용 구조 변화에서 인재선발의 틀 읽기

새로 도입되는 직무적합성평가를 통과시 SSAT를 응시

개변방식 3단계

	문과계열	이과계열	
	영업 경영지원	연구개발 기술	소프트웨어
서류	**직무에세이** 리더십팀워크 대인관계	**직무접합성 평가** 전공이수비율, 학점 전공 심화 이수 여부	
테스트	SSAT		소프트웨어 역량 테스트
면접	실무면접 (1박2일 종일 면접) 창의성 면접 (면접관과 1대1 토론) 임원면접		

공기업, 기관의 NCS 서류 예시를 통한 인재선발의 틀 읽기

모 공기업의 직무경력 관련 질문

경력사항　경력은 금전적인 보수를 받고 일정기간 동안 일했던 이력을 의미합니다. 아래의 지시에 따라 해당되는 내용을 기입하십시오.

● 기업조직에 소속되어 〈경영기획〉 관련 업무를 수행한 적이 있습니까?
● 기업조직에 소속되어 〈인사〉 관련업무를 수행한 적이 있습니까?
● 기업조직에 소속되어 〈노무관리〉 관련 업무를 수행한 적이 있습니까?
● 기업조직에 소속되어 〈예산수립 및 자금조달〉 관련업무를 수행한 적이 있습니까?

채용분야	일반	대분류	경영 · 회계 · 사무			
		중분류	기획사무	총무 · 인사	재무 · 회계	
		소분류	경영기획	인사 · 조직	재무	
		세분류	경영기획	인사	노무관리	예산	자금

둘째. 결국 사회가 원하는 인재의 핵심은 "누가 그 일(직무, 지원분야) 잘 할 사람으로 보일까?"이다.

대학생들에게 넘어야 할 거대한 산이자, 신세 한탄의 도구인 'SPEC'! 자신을 상품화하고 브랜드화하고, 유니크한 제품으로 만들어가고자 노력하는 대학생들. 이 시대를 살고 있는 대학생들 모두 스펙 쌓기 열풍이지만 정작 스펙이라는 것이 취업에 큰 실효성을 갖지 못하는 것을 깨닫지 못하고 있다. 이에 다수의 기업들이 3-4년 전부터 대졸 신입사원 전형에서 지원자의 출신 학교를 당락 결정에 반영하지 않기로 하거나, 아예 입사지원서에서 학교 이름을 가리고, 자기소개서로만 서류전형을 대체하는 '블라인드(blind) 전형'을 확대하고 있다. 즉 입사지원서에 출신 학교와 전공, 일정 수준의 스펙 요구 등 예전에 강조했던 자격 요건을 폐지하고 단순한 '스펙'보다 지원 분야의 실제적인 '실력'이나 직장생활에 직결되는 '직업 인성' 등을 더 중시하겠다는 것이다.

핵심인재의 Hidden Story

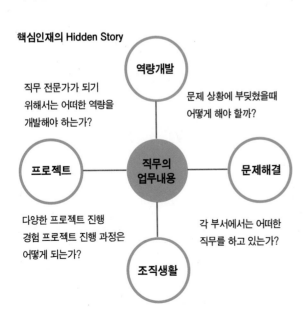

직무 전문가가 되기 위해서는 어떠한 역량을 개발해야 하는가?

문제 상황에 부딪혔을때 어떻게 해야 할까?

다양한 프로젝트 진행 경험 프로젝트 진행 과정은 어떻게 되는가?

각 부서에서는 어떠한 직무를 하고 있는가?

이는 곧 단순한 스펙의 나열보다는 대학기간 중 언제부터 어떻게 자신이 희망하는 직무와 직장에 대한 관심과 목표의식 등을 가지게 되었고, 그 직무와 직장에 오기 위해 어떠한 노력을 통해 역량을 키워 왔는지에 대한 자기만의 스토리가 훨씬 더 취업에 유리하다는 지적이다. 그러므로 스펙의 단순 나열이 아니라 자신만의 '스토리'를 강조하고 기업도 준비한 스펙이 지원자에게 어떤 의미를 갖는지를 검증하려 함을 명심해야 한다. 그래서 이제 스토리의 진가를 아는 사람은 무턱대고 준비하지 않는다. 자신의 방향과 관련된 이력을 쌓아간다는 사실을 명심해야 할 것이다.

그러므로 우리가 준비하는 스펙들도 이제 이러한 핵심직무역량 평가모델에서는 아래의 그림에서처럼 4분면으로 나누어 평가됨도 명심하여야 한다. 즉 모든 직장인이라면 기본공통으로 갖추어야 할 역량 관련 스펙들이 있는가하면, 같은 학과 친구들이라 하더라도 자신의 희망직무에 따라 바뀌어야 할 직무에 맞는 역량 관련 스펙들이 다르므로 이를 구분하여 기본도 갖추어져 있으면서 그 일도 잘 할 수 있는 인재가 되도록 잘 계획하고 준비하여야 함을 알아야 할 것이다.

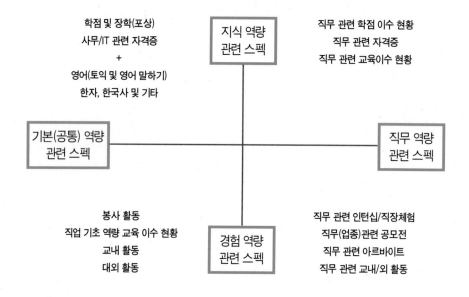

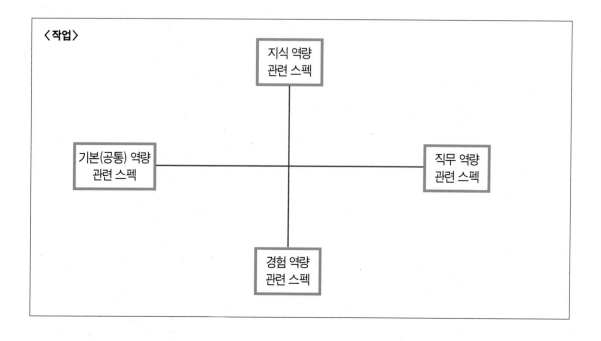

MAIN THEME 2

될 사람이 되려면 꼭 알아야 할 핵심 이야기 두 가지

학생과 기업과의 동상이몽

기업이 원하는 인재는 전문성, 성실/책임, 실무능력, 창의성 등으로 기업의 인재상에 부합하는 인재를 바라고 있지만, 지원자인 대학생은 단순히 영어점수, 자격증, 인턴십을 기업이 원하는 인재상으로 생각하고 있어 동상이몽의 모습을 보이고 있다. 실제 기업에서는 전문성을 나타내는 필요 자격증을 제외하고는 수치적인 능력보다는 다양한 경험들을 스펙으로 보고 있다. 즉 원하는 기업에 취업을 하기 위해서는 해당 기업이 어떠한 인재를 원하는지 이해하고 지원자 자신이 인재상에 부합하는 인재라는 것을 보여줄 수 있는 방법을 찾고, 이를 보여주기 위해 노력하는 것이 필요할 것이다. "

스팩을 둘러싼 기업과 취업준비생들의 엇갈린 시선

기업		취업준비생
학점은 3.0점만 넘으면 됩니다. 어디까지나 성실성을 보는 척도일 뿐이죠 -R사 인사담당 임원	**학점**	학점 상위 5%인 친구도 불안해 해요. 주변에 3점대 초중반 학점 찾기도 힘들어요 - H대 미디어학과 4학년 B씨(24)
토익점수는 기업이 제시한 하한선만 맞추면 됩니다. - D사 인사담당자	**토익영어**	토익은 스펙축에도 못 껴요. 토익점수 높은 건 이제 당연한 거예요 - S여대 경영학과 4학년 A씨(24)
직무와 무관한 자격증은 점수 안 줘요. 갖고 있더라도 안 내는 게 낫죠 - E사 인사 담당자	**자격증**	다들 자격증 1,2개씩은 있으니까 이젠 비싸더라도 특이한 걸 따기 위해 노력해요 - Y대 경영학과 4학년 C씨(25)
분명한 목적없이 학벌 세탁 위한 편입이나 대학원 진학은 오히려 마이너스에요 - G사 인사 담당자	**출신학교**	편입학원 비용만 한 달에 50만원 가까이 들지만 이렇게라도 안하면 서류합격을 못하는 걸요 - 전문대생 F씨(24)
사회가 원하는 인재는 열정과 성실성을, 그리고 각 직장이 원하는 인재상 등을 주로 봅니다. - J사 인사담당자	**기타**	아는 인사담당자 선배들에게 사석에서 듣는 애기와 기업의 언론 등을 통해 공식으로 말하는 내용이 너무 달라요 - S여대 경영학과 4학년 D씨(24)

스펙(Specification)이 아닌 직무에 맞는 독특한 킬러 콘텐츠로 구성된 스토리(STORY)다

올해 대학교 4학년생이 되는 김유리(24)씨는 겨울방학 목표는 '스펙5종 세트' 정복이다. 스펙 5종 세트란 인턴, 봉사활동, 수상경력, 자격증, 영어를 뜻한다. 광고업종의 디렉터 직무에 취직을 원하는 김씨는 방학 동안 친구들과 '광고 공모전 스터디'를 하고 있다. 토익스피킹, OPIC등 영어 말하기 평가점수가 없기 때문에 일주일에 두번씩 영어학원에 다니고 있다. 김씨는 "1~2년씩 해외 연수까지 다녀온 친구들을 보면 스펙에 신경을 쓰지 않을 수 없다"고 말했다.

취업준비생 송정한(29)씨도 스펙 쌓기에 열중이다. 굴착기, 한자(2급) 등 10여개의 자격증을 가지고 있다. 자격증을 따는 데 들인 비용만 수백만원, 여기에 들어가는 시간까지 감안하면 송씨는 '피눈물 나는' 투자를 했던 셈이다. 지금도 '한국사 인증'이라는 11번째 자격증을 따기 위해 학원가를 전전하고 있다. 송씨가 취업전선에 나선 지는 올해로 3년째, 송씨는 "주위에 10개 내외의 자격증을 가지고 있는 사람이 보통" 이라며 "20개 안팎의 자격증을 가지고 있는 사람도 있다"고 말했다.

위의 사례에서처럼 분명한 목표없이 무작정 준비하는 대학생들의 무조건적 스펙쌓기 탓에 최근에 나온 말이 잉여스펙(직무 목표에서 벗어나는 무작정 쌓은 스펙)이라는 말이다. 잉여스펙이 채용에 도움되는지에 대해서는 인사담당자 62.8%가 '부정적'으로 답했다. 절반에 가까운 46.6%가 '직무와 특별히 관계가 없다면 필요 없다'고 밝혔다. 그러므로 "단순히 자격증 개수를 늘리기보다는 인턴이나 자신의 직무에 대해 얼마만큼 이해하고 경험했는지 설명할 수 있는 경험을 갖춰야 경쟁력이 있다" 며 "기업에 대해 철저하게 분석하고 맞춤식 입사지원서를 작성하는 '타깃형' 취업전략을 취해야 한다"는 의미이다.

그렇다면 실제 인사담당자들이 보는 꼭 필요한 자격 조건은 무엇일까. 사회와 기업에서 신입사원에게 요구하는 덕목은 일에 대한 열정이나 빠른문제해결 능력이다. 직장 상사로부터 지시를 받았을 때 의도를 재빨리 파악해 대응하는 사원을 뽑고 싶다는 것. 이는 웃음치료사 같은 이색 자격증 취득에 힘쓰기보다는 직무와 관련된 교재 한 번 더 읽는 게 바람직하다. 그래서 자신이 사회와 기업에 나아가서 실제 맡게 되는 일과 관련된, 예를 들어 고객을 응대하는 대인관계 능력과 경제학적 지식이 입사에 가장 중요하다고 조언한다.

FINALI-ZATION

사회가 원하는 인재가 되기 위한 대학생활 거듭나기

앞서 살펴본 것처럼 날이 갈수록 취업문은 좁아지고 경쟁은 더욱 치열해지고 있다. 가장 큰 이유는 근본적으로 사회와 기업의 경영환경이 급변하고 있고 글로벌 경쟁이 치열해짐에 따라 미래에 대한 불확실성이 커지고 있기 때문이다. 이로 인해 사회의 인재 선발방법과 구직자에 대한 요구 수준도 변화하고 있다.

이러한 현실을 반영하듯 많은 기업들이 수십 년간 이어오던 공채제도에서 일정기간 근무를 시켜본 후 직무수행능력에 대한 평가를 통해 채용하는 인턴제도를 확대하고 있으며 신입사원보다는 경력직을 선호하고 있다. 또한 과거 I형 인재(한 분야에 전문성을 가진 인재)가 주목을 받던 시대에서 멀티플레이가 가능한 π(파이)형 인재와 분석적이면서도 창의적인 양뇌형 인재를 선호하고 있는 추세에 있다. 이렇듯 기업의 인재 발탁 기준이 더욱 까다로워졌을 뿐만 아니라 그 방법도 다양해졌고, 이를 통해 심층적이고 다각적으로 구직자를 분석하며 인재를 변별하고 있다.

이런 시대적 상황을 반영하여 우리는 지금까지 오늘날 사회가 원하는 인재가 어떤 이들이며, 그것을 평가하기 위해 어떤 방법으로 필터링하는지에 대해서 살펴보면서 자신의 대학생활에도 변화가 필요하다고 느꼈을 것이다. 그럼 사회가 원하는 인재가 되기 위해 어떻게 대학생활을 해야 할까? 무조건 열심히 하면 될까?

무조건 열심히 해서 나의 목표를 이룰 수 있는 시대는 지났다. 이제 사회변화에 맞추어 나름의 목표수립과 계획을 가지고 대학생활도 전략적으로 임해야 한다.

이를 위해서는 먼저 경영전략의 대가인 하버드대 마이클 포터 교수가 제시하는 세 가지 관점에서의 경영전략을 진로설계의 전략 수립이라는 관점에서 접목시켜 볼 필요가 있다.

CHAPTER 1. Fit! 나에게 맞는 옷을 입자!

성공적인 진로설계 전략 수립을 위한 첫 번째 요소는 자신의 적성과 역량을 고려한 목표설계이다. 즉, 자신의 적성과 경력 그리고 미래 발전 가능성 등을 고려할 때 자신에게 가장 적합한 산업군과 근무하고 싶은 직무 또는 부서를 정한 후 자신의 객관적 역량을 고려해 눈높이에 맞는 직장들을 선택해야만 한다. 자신만의 목표가 명확해야만 구체적이고 실천 가능한 경력개발 전략들을 수립할 수 있으며 취업경쟁에서 성공 확률을 높일 수 있다.

CHAPTER 2. 차별성! 남과 차별화된 취업스펙 쌓기!

성공적인 진로설계 전략 수립을 위한 두 번째 요소는 자신이 갖추고 있는 기본역량(Basic)과 사회에서 필요로 하는 핵심역량(Exciting)에 대한 객관적 평가다. 기본역량은 학벌, 학점, 영어 등과 같은 공통적인 역량을 의미하며 이것이 부족하면 서류전형에서부터 실패확률이 높아지겠지만 뛰어나다고 해서 최종합격으로까지 연결되는 속성을 갖고 있지는 않다. 핵심역량은 실제 사회에서 바라는 역량으로써 직장과 직군 및 직무에 대한 많은 경험은 물론 업무 수행능력을 의미한다. 핵심역량은 부족한 기본역량을 커버할 수 있는 감동을 줄 수 있는 요인으로 최종합격을 판가름할 수 있는 매우 중요한 역량이라고 할 수 있다. 이러한 핵심역량으로는 6시그마와 같은 문제해결 능력과 효과적인 문서작성을 위한 전략기획 능력 그리고 각종 데이터 분석능력 및 서비스능력 등 직무수행에 요구되는 역량들을 예로 들 수 있다. 이러한 분야의 자격증 취득은 자신의 역량을 객관적으로 증명해 줄 수 있는 효과적인 수단이 될 수 있으며 최근 경력직 채용이 늘어나고 인턴제도가 확산되는 시점에서 기업의 요구에도 부합한다고 할 수 있다.

CHAPTER 3. Trade Off _ 선택과 집중!

이제부터는 자신이 정한 산업과 직군 및 직무 그리고 구체적인 직장에 대한 폭넓은 이해와 관련 경험 쌓기, 핵심역량을 높이기 위한 세부 실천계획을 세우고 이에 대한 모든 노력을 기울여야 한다. 또한, 이러한 노력은 단순한 이해와 학습 및 경험으로만 끝내기 보다는 왜 이러한 진로의 목표를 그렸고, 지원하고자 하는 직장에 가고 싶은 명확한 동기는 무엇인지를 정리하고 자신의 경험과 능력을 바탕으로 미래 포부와 연계시킬 수 있는 Fact 중심의 논리적인 스토리를 만들어야 한다. 이러한 스토리가 후에 이력서와 자기소개서에 비추어졌을 때 인사담당자와 면접관에게 남다른 관심과 감동을 불러 일으킬 수 있는 중요한 핵심 포인트가 될 수 있으며 취업경쟁에서 승리할 수 있는 기회를 얻을 수 있다.

이러한 관점에서 앞서 살펴본 사회가 원하는 인재라는 핵심 명제를 기반으로 자신만의 사회진출을 위한 진로설계 전략을 세우고 준비하는 자만이 치열한 취업경쟁에서 승리하여 꿈을 이룰 수 있을 것이다.
그렇다면 지금부터 이러한 인재가 되기 위해 우리가 대학생활 중 어떠한 노력을 해야 하는지에 대해서 구체적으로 알아보도록 하자.

효과적인 사회진출 목표 수립 노하우

성공적인 사회진출을 위한 효과적인 대학생활은 임기응변적 기술로 되는 것이 아니라 체계적인 전략이 필요하다. 대학생활을 통해 효과적인 사회진출을 위해서는 다양한 노력이 필요하겠지만 학년에 맞추어 체계적인 목표가 수립되어야 한다.

사회진출 목표 수립과정

진로목표 수립을 위한 사전 분석 4단계

제대로 설정된 자신의 진로 및 사회진출은 안정된 미래를 담보할 것이며, 안정된 미래는 곧 후회 없는 삶으로 연장된다. 제대로 된 진로 및 사회진출 설계를 위해서는 먼저 자기 자신을 제대로 파악하기 위한 정확하고 객관적인 자기진단이 필요하다. 개인의 진로설계는 빠를수록 좋다. 진로설계가 빠르면 진로를 위한 준비가 빨라지고 진로준비가 빨라지면 취업도 빨라진다.

이를 위해 아래 네 가지 사항은 진로설정과 취업목표 수립 시 반드시 거쳐야 하는 사전분석 단계이다. 아래와 같이 차례대로 진단·분석해 봄으로써 자신이 선택할 직업과 직장이 보다 명확하게 될 것이다.

자기분석

- 자신의 직업적 스타일 및 가치관
  → 성격검사 및 직업 가치관 검사
- 자신의 적성 → 적성검사
- 직업에 대한 선호도 → 직업흥미검사
- 성장과정, 대학생활 역량개발 내용
  자기개발과 미래상 등의 접목

직무분석

- 각 직무의 구체적 업무 분석
- 직무 수행에 필요한 자질
- 직무 수행에 요구되는 SKILL파악
- 직무범위와 전망
- 업종(직종)내 직무
- 직무(직종) 적합도 중심의 이해 요구

Career & Job
Mindship

취업처 분석

- 희망 취업처별 별도 분석 필요
- 취업처 홈피 코참비즈, 언론보도 내용 등
- 경영자, 기업규모, 세부업종, 인재상, 취업처, 핵심가치 및 기업문화, 사업부문 주력 상품, 주요기술, 연봉수준, 관련 경쟁사 현황 등

구직정보 분석

- 전문가, 언론매체 등에 의해 제공되는 책자
- 동문, 취업카페, 취업 관련 포털 사이트, SIDE CHANNEL등을 통한 실제 구직정보 파악
- 희망 분야로 실제 진출한 선배들의 준비 노하우
- 합격자 스펙 공유, 성공 수기 등

Work Sheet 2-01

나의 생애비용 계산하기

일생동안 살아가면서 어느 정도의 비용이 들까요? 내가 어떤 삶을 선택하느냐에 따라 그 비용은 천차만별이 될 것입니다. 내가 언제 어떤 직업을 가지는가에 따라 수입이 달라지고, 결혼 여부와 자녀 교육정도, 수명에 따라서도 발생하는 비용은 많이 달라질 것입니다.

그러면 자신의 미래 삶의 모습들을 그려보며, 내가 바라는 삶은 어떤 삶이고 나의 생애비용이 얼마나 들 것인지 구체적으로 계산해 봅시다.

년도	나이	직업	세부항목	산출근거	비용	비고
계					5052만원	
2018-2023	29-34	직장인	교통비	40만원 x60개월	2400만원	유대, 통행료
			자동차구입	중형차	3500만원	YF소나타
			보험료	20만원x60개월	1200만원	생명, 손해보험
			적금	50만원x60개월	3000만원	
			폰요금	7만원x60개월	420만원	
			기타 생활비	50만원x60개월	3000만원	의류, 식대 등
			자기개발	10만원x60개월	600만원	
계					14,120만원	
2024-2049	35-60	직장인	결혼비용	아파트구입	10500만원	
			대출이자	이자 및 원금상환	20,000만원	
			교통비	40만원x300개월	12000만원	
			자동차구입	중형차 2대	8000만원	
			보험료	80만원x300개월	24000만원	
			적금	50만원x300개월	15000만원	
			폰요금	30만원x300개월	9000만원	
			생활비	120만원x300개월	36000만원	수도광열, 관리비, 식비
			자기개발	10만원x300개월	3000만원	
계					137,500만원	
합계					156,672만원	

나의 생애비용 계산하기

년도	나이	직업	세부항목	산출근거	비용	비고

대학생 진로준비도 검사 외

워크넷 초기화면에서
직업,진료 메뉴 클릭

직업심리검사 하단
성인용 심리검사 클릭

성인 대상 심리검사 중 대학생 진로준비도검사
직업적성검사
직업선호도검사L형
직업가치관검사
의 순서로 먼저 실시

관심있는 경우
영업직무 기본역량검사
IT직무 기본역량검사
추가 실시

3

현재의 꿈에서
출발하는
자기탐색의
기초 만들기

SECTION INTRO

20대…그 아름다운 시간 & 너무나도 소중하고 중요한 시간

우리가 보내고 있는 이 20대. 인생 전체를 놓고 보면 이 20대는 인생에서 가장 에너지가 넘치는 시기이며 동시에 가장 많은 기회가 주어지고 또 자유롭게 도전할 수 있지만 그 책임도 크다 하겠다. 본격적인 의미에서의 성인인 이 시기를 어떻게 보내는가에 따라 남은 인생의 방향과 색깔이 좌우되기 때문이다.

아무리 세상살이가 힘들어도 흐르고 나면 영원히 돌아오지 않는 이 20대에 펼칠 수 있는 수많은 순간들 중 우리가 꼭 펼쳤으면 하는, 그래서 나이가 들어도 결코 후회하지 않을 것들을 정리해 보았다. 20대인 우리만이 가질 수 있는 순간들은 무엇이 있을까 한 번 돌아보자.

20대에 펼쳐지는 수많은 순간들

기획	내일부터 Bain으로 출근하셔야죠 언제쯤 올라오실수 있으세요? 학교에서 챙겨야 할 물건들은 없죠?
도전	왜 하필 아프리카에 가려고 하는거야? 거기 안전하긴 한 거야? 외 매일 너는 그렇게 위험한 곳만 골라서 가는 거냐?
열정	꼭 한번 컨설팅 회사에서 RA를 해보고 싶었습니다. 최선을 다하는 모습을 보여드리겠습니다. 열심히 하겠습니다.
쾌락	야 클럽갈래? 시험도 끝났는데 오늘 아니면 언제 놀겠냐? 언제 나갈까? 빨리 왁스 좀 가져와 머리 좀 만들고 가자
사랑	정말 다시는 너같은 사람 못만날거야 네가 웃고 있는 것만 봐도 행복하다. 우리 평생 같이 있자
성숙	야 우리가 벌써 이런 고민을 하냐. 이제 고작 20살이지만 조금씩 어른이 되어가는 것 같다. 이제 압박감이 점점 온다 더 열심히 살아야 되는데

이 가운데 기회도, 도전도, 열정도, 쾌락도, 사랑도 모두모두 중요하다 하겠다. 그러나 그 마지막인 성숙이 없다면 이 모든 것은 20대의 피어오르고 말 순간의 불꽃에 불과할 것이다. 그리고 이 성숙의 정점에는 바로 자신의 인생 밑그림으로 쓸 한편의 포트폴리오가 그려져야 할 것이다.

Careerpath in 20s (사회적 경력 중심의 커리어 예시)

(단위 years old)

DGKS	B.S degree my position(present)	Consulting /Invest Bank	Graduate school	Finance highlight
16	19	24	27	31
학력(3년) • 고등학교 시절에 기본적, 필수적 input을 얻어옴	**학력(4년)** • Vision수립 • 능력을 준비하고 Skill set을 연마해야함	**경력(3년)** • 사회생활을 감을 익히고 maturlty를 길러야 함 • Challenge/Training중심	**학력(2년)** • 경영/경제에 관련하여 깊이를 가지고 시야를 넓힘 • Case공부	**경력** • Finance highlight • 본격적으로Perfomance에 투자함 • 개인자산을 쌓기 시작함

NEWS BRIEFING

무엇을 하느냐(What)가 문제가 아니라 어떻게 하느냐(How)가 문제인 시대이다.

대학생들이 가장 많이 하는 질문이 "뭐 좋은 것 없을까? 뭐 괜찮은 데 없을까?" 소위 유망직종에 대한 문의이다. 그러나 누구에게나 맞는 유망직종은 없다. 단지 그 시대에 유행하는 유행직종이 있을 뿐이다.

오늘날 노동시장은 급변하고 있지만 그 대세적 변화를 요약해보면 아래의 세 가지로 정리할 수 있을 것이다.

직업의 다양화	- 유사직업까지 포함한 총 직업수 : 약 2만여개 - 그러나 알고 있는 직업의 수는? 자신의 미래에 고려하는 직업의 수는?
평생직장에서 평생직업시대로의 변화	- 적어도 평생 3-5회의 직장 이동이 필요하다.(특성중심의 진로선택의 필요)
전문직이 따로 없는 노동시장	- 어떤 직업을 갖는가가 전문가를 결정하지 않고, 모든 직업의 전문화 추세

이 세 가지 변화의 핵심은 바로 무엇을 하느냐(What)가 문제가 아니라 어떻게 하느냐(How)가 문제인 시대로 요약할 수 있다. 그러므로 대학생으로서 진로를 탐색하는 여러분의 입장에서는 바로 평생직업을 찾아야 한다. 그렇다면 우리가 가질 평생직업이라 함은 어떤 요건을 갖추어야 할까? 다음의 네 가지 조건이 일치할 때, 더욱 효과적인 진로목표로서의 평생 직업을 탐색할 수 있게 된다.

직업개념의 변화의 핵심 평생직장시대의 결과

10대그룹 평균근속년수

HYUNDAI	현대차 11.7년
SAMSUNG	삼성 8.6년
SK	SK 8.4년
LG	LG 7.7년

평생직업의 조건
1. 좋아하는 흥미로운 일이어야 한다.
2. 자신의 특성에 맞고 잘하는 일이어야 한다.
3. 전망과 채용가능성이 있어야 한다.
4. 자기개발가능성과 전문성이 있어야 한다.

그러므로 자신의 성격, 흥미, 적성, 스타일 등의 자기 내적 특성들을 잘 알아야 하며, 동시에 노동시장, 국가 정책, 직업세계의 흐름 등 자기 외적 특성들을 고려하여 자신에게 맞는 평생직업을 탐색하여 결정할 수 있게 된다. 또한 이런 과정을 통해서 결정된 직업을 수행할 경우 훗날 직장에서 맡게 될 일에서도 직무적응도 향상을 통해 효과적인 직무수행을 이룰 수 있고, 이를 통해 직업만족도가 향상됨으로써 더욱 성공적인 평생직업으로써의 직업생활을 영위할 수 있게 되는 것이다.

그러기 위해서는 이렇게 질문해야 한다. "나에게 맞는 유망직종, 직무는 무엇인가?" 소위 '자신'을 주어로 인생의 포트폴리오 작성을 시작해야 한다.

그런데도 불구하고 자신이 어떤 성격을 가지고 어떤 스타일로 생활하는지 객관화해 본 적도 없고, 자신의 적성과 흥미가 무엇인지도 모른 채 진행하는 마케팅은 성공적인 마케팅이라고 할 수 없으며, 그렇게 써 내려간 인생 포트폴리오는 성공적인 포트폴리오라고 할 수 없다. 그러므로 '자신'을 주어로, 자기를 마케팅 하려면 제일 먼저 자기 분석을 통한 진로설계의 첫 단계이자 출발점을 마련해야 하는 것이 바로 이 때문이다.

MAIN THEME 1

대학생이 만날 수 있는 진로 탐색 동행하기

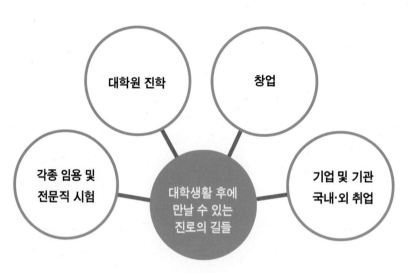

대학생들이 일반적으로 졸업 후 고려하는 가장 기본적인 진로의 길들은 크게 4가지 정도로 볼 수 있다. 한데 최근 노동시장의 수요와 공급의 불균형 심화가 자연히 청년실업률 급등으로 이어져 취업난은 더욱 심화되었고, 앞으로도 취업문은 크게 좁아질 전망이다. 2016년도 1월 1일부터 공공기관과 300인 이상 대기업의 정년이 60세까지 일괄 연장되고 2017년부터는 300인 이하 중소기업에까지 확대 적용된다. 이에 따라 대기업은 2015년도 1만 6,000명인 은퇴자는 2016년과 2017년 각 4,000명씩으로 반의 반토막까지 줄어들고, 중소기업 역시 2015년도 16만 8,000명인 은퇴자가 2016년도부터 2년간은 3만 8,000명~4만명 수준으로 급감하게 되어 기업들의 채용 축소로 이어질 가능성이 높다. 결국 사람이 나가지 않으면 새로 뽑지 않는다는 얘기다. 그 결과 공무원 등 각종 임용직과 전문자격을 통한 취업의 선호현상이 두드러지고 있다. 또한 산업구조 변화에 따라 '질 좋은' 공기업, 대기업 등의 일자리는 점점 줄어들 수밖에 없는데도 그 집중화 현상은 더욱 가속되어 청년층의 고용불만은 지속될 수밖에 없는 실정이다.

청년들이 선호하는 일자리 (단위 %)

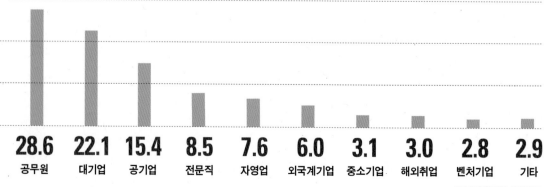

28.6	22.1	15.4	8.5	7.6	6.0	3.1	3.0	2.8	2.9
공무원	대기업	공기업	전문직	자영업	외국계기업	중소기업	해외취업	벤처기업	기타

2013년 통계청 사회조사

그러나 과연 이러한 상황으로 인한 현상에 휩쓸리는 것이 정답일까?

한 인간에게 있어 진로와 직업의 선택은 자신의 삶 안에서 가장 많은 시간을 할애하는 자리이며, 자신의 삶을 좌우하는 가장 큰 요소 중 하나이며, 한 번 선택하고 나면 바꾸는 것이 쉽지 않은 만큼 여러 가지 직업 의미를 종합적으로 고려하여 신중하게 고민하여야 한다.

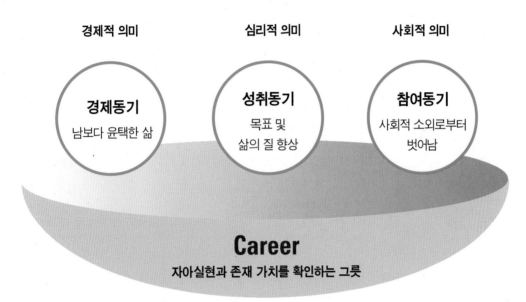

Abraham Maslow의 욕구 5단계 이론 기반 재구성

1) 각종 임용 및 전문직 시험을 통해 사회진출을 꿈꾸는 진로

임용이나 시험을 통해 이루고자 하는 내 진로가 과연 자신에게 맞고 자신이 꿈꾸는 길인지, 아니면 사회적 이유나 부모님의 권유로 설정된 꿈인지 다시 한 번 돌아볼 필요가 있다. 경제적 안정성이라는 경제동기적 측면에서는 의미의 충족이 된다고 하더라도, 나와 맞는 사람들과의 참만남이라는 참여동기적 측면이나 삶을 통한 자아실현과 심리적 삶의 질이라는 성취동기적 측면에서도 과연 만족할만 한 선택인지를 대안의 탐색을 통해 돌아보아야 할 것이다.

뿐만 아니라 가능성의 관점에서도 한 번의 시험을 통해 선발한다는 점과 높은 경쟁률을 보인다는 점에서 이 진로에서 제때에 원하는 합격을 얻지 못했을 때의 대안은 가지고 있는지도 생각해 보아야 할 것이다.

청년층 (15~29세) 취업시험 준비 분야(%)

9.8 고시 및 전문직
일반직 공무원 34.9
18.9 일반기업체
22.8 기능분야 자격증 및 기타
언론사·공영기업체 8.5
5.1 교원임용

(통계청)

2016년도 초·중등 교원 가배정 현황(명)

교육청 몇	초등		중등	
	증	감	증	감
서울		-613		-286
부산		-465		-471
대구		-241		-110
인천	+64			-122
광주		-13	+4	
대전		-55	+3	
울산		-55		-31
세종		0		0
경기	+446		+333	
강원		-249		-50
충북		-27		-54
충남	+47 +80			
전북		-58		-46
전남		-258		-15
경북		-306		-97
경남	+11		+20	
제주	+11		+2	
소계		-1782		-961
총계		-2743		

(각도 교육청)

2) 대학원을 통해 분야별로 좀 더 깊은 역량을 준비해 사회진출을 꿈꾸는 진로

어느 기사 인터뷰에서 대학원생 김모(29)씨는 "대학(학부) 졸업 후 무작정 취업준비를 하기 보다 학력 및 스펙 차원에서 석사 과정에 진학을 했지만 오히려 박사과정을 진학해야 할지, 취업을 해야 할지 혼선이 오고 있다"며 "취업 및 진학차원의 여건이 충분치 않아 주위 대학원생들도 학업을 중도 포기하는 이들도 많아지고 있다"고 한단다. 뿐만 아니라 대학원 진학을 한다고 다 끝날 문제가 아니라 다시금 자신의 진로 및 취업을 구체화하는 고민을 가져야 하는 만큼 그 문제 또한 대학생의 청년 실업문제만큼 녹녹치 않은만큼 지금 진학을 결정하기 전에 무엇 때문에, 또 무엇을 하기 위해 진학을 꿈꾸는지 고민해 보아야 할 것이다.

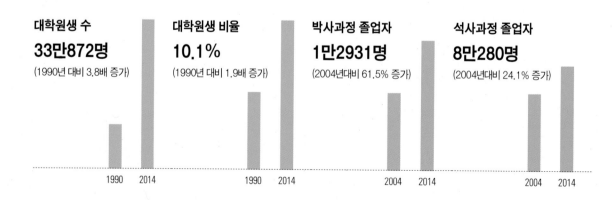

대학원생 수
33만872명
(1990년 대비 3.8배 증가)

대학원생 비율
10.1%
(1990년 대비 1.9배 증가)

박사과정 졸업자
1만2931명
(2004년대비 61.5% 증가)

석사과정 졸업자
8만280명
(2004년대비 24.1% 증가)

| 1990 | 2014 | | 1990 | 2014 | | 2004 | 2014 | | 2004 | 2014 |

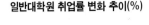
일반대학원 취업률 변화 추이(%)

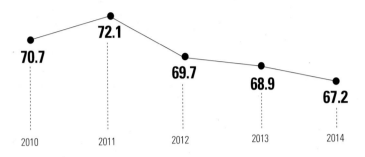

3) 자신의 재능과 아이템을 사업화하는 창업을 통해 사회진출을 꿈꾸는 진로

취업이 어려워지고, 취업이 되어도 언제 회사가 문 닫을지 모르는 불안감에 많은 청년들이 일찍부터 창업을 고민한다. 거기다 정부도 청년취업난 해소를 위해 청년창업과 관련되는 많은 벤처·창업 활성화 지원사업을 추진중이다. 그러나 대학생의 창업을 통한 사회진출은 결코 사업놀이가 아니다. 많은 대학생들이 혈기왕성한 젊음과 넘치는 열정으로 무엇이든지 이룰 수 있을 것 같은 포부를 가지고 시작하지만 대부분은 실패한다. 물론 창업자의 마인드가 실패를 두려워해서는 안되겠지만, 실패해도 괜찮다는 마인드, 취업이 어려우니 창업이라는 식의 마인드는 안된다. 살아남는 창업이 되려면 창업에 대한 남다른 경험과 누구나 인정하는 분명한 정보 기반 노하우가 필요하다. 결국 창업 또한 일반적 취업준비와 다를 바가 없다. 정확한 정보에 바탕한 진로탐색을 통해 자신의 강점에 맞는 아이템을 발굴하고, 해당 분야에서 자신의 역량을 쌓고, 다양한 활동들을 통해 해당 분야의 사회적 네트워크와 일경험을 쌓은 다음 그 아이템을 사업화할 수 있는 전략을 수립하는 과정을 거쳐야 한다. 그리고 또 하나, 창업은 경험이고 경험을 통해 배워서 내가 누구인지 아는 게 중요하다. 즉 끼와 아이템만 있다고 되는 것이 아니라 창업이 나에게 맞는 진로인지에 대한 깊은 숙고와 사업 전반의 프로세스에 대한 노하우를 알아야 한다. 그래서 창업을 위한 취업을 고민하는 것도 좋은 방법이다.

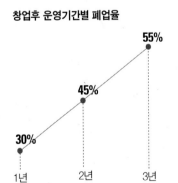
창업후 운영기간별 폐업율

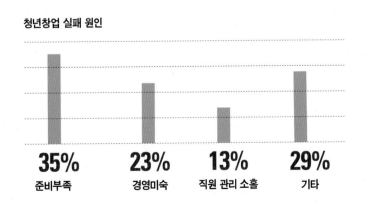
청년창업 실패 원인

결국 임용 준비, 대학원 진학 준비, 창업 준비, 취업 준비 등 사회진출의 방법은 조금씩 달라도 진로를 고민해야 하는 과정은 동일하며, 그 과정의 첫 단추는 바로 자기 자신을 진로라는 관점에서 정확히 탐색하고, 이를 기반으로 직업세계를 들여다보는 것이라 하겠다.

MAIN THEME 2

자기특성 분석 왜 중요할까?

자기특성 분석의 중요성

지금까지 우리는 넓은 세상에서의 다양한 진로방향에 대해 살펴보았다. 이렇게 넓고 다양한 진로의 방향에 있어서 우리가 지금까지 고민하며 걸어왔고, 지금 현재에도 열심히 걸어가고 있는 길에 대한 첫 번째 열쇠이자 그 시작점은 바로 '나'이다. 왜냐하면, 그 누구의 인생도, 진로설계도 아닌 바로 나의 인생이고 나의 진로설계이기에 '나'에서부터 출발해야 하는 것은 당연한 것이다.

다음의 내용은 『EBS 다큐프라임 - 나는 꿈꾸고 싶다.』의 내용을 바탕으로 우리들이 안고 있는 현실적인 고민과 갈등들을 되새겨보고, 이를 계기로 나의 꿈을 찾고 진로설계를 하는 데에 있어 '나'를 아는 것이 그 무엇보다 중요한 첫 번째 열쇠라는 것을 되짚어 보고자 한다.

우리 인간에게 있어 직업생활을 하면서 보내는 시간이 개인의 일생 중 1/3 정도를 보낸다는 관점에서 본다면, 더더욱 '내가 잘 할 수 있을까?', '이 일을 즐겁게 할 수 있을까?', '이 일을 통해 내 삶이 행복해질까?'라는 등의 나를 들여다보는 시간을 충분히 가진 후, 자신의 꿈을 찾고 진로를 선택하는 최선의 과정들을 거쳐야 할 것이다.

〈Case 1〉
의학대학을 자퇴하고 요리사로 나선...A 씨.

"과연 이 길이 나의 길일까?"

Q 자신이 어떤 전공(학과)을 공부하고자 하는지 결정했습니까?

Yes Q 언제 결정했습니까?
- 고3때
- 대학 원서 쓰면서..

No Q 아직 선택하지 못한 이유는 무엇입니까?
- 입시가 중요하니까 거기에 매여 있느라 생각할 시간이 없어서...
- 수능 결과를 보고 대학을 선택해야 할 것 같아서...
- 학과(전공)보다는 대학을 먼저 결정하는 게 맞을 것 같아서...

〈Case 2〉
초등학교 때, 발표 잘한다는 칭찬 한마디가 키운 꿈, 아나운서...

아나운서 지망생, B 씨.

"이 일을 하면 내 삶이 행복할 수 있을까?"

3

〈Case 7〉
경영학 전공 → 심리학과 → 임상심리사를 꿈꾸는 G 씨

"과연 내가 잘 해낼 수 있을까?"

〈Case 6〉
체육교육과 → 이공계열 진학 → … H 씨

"취업이 잘 될 것 같아서 지금의 전공을 공부하고 있지만… 내가 정말 하고 싶은 일인지는 모르겠다…"

〈Case 3〉 미대 진학→ 역사교육과→행정학과→ 또 다른 진학 고민 … C 씨
〈Case 4〉 IT 관련 전공 → 사회복지 전공 … D 씨
〈Case 5〉 공학 전공→교대 진학→1년의 교직생활 → 행정고시 준비 중 … E 씨

대졸자의 경우, 전공을 다시 선택할 수 있다면 재선택 하겠습니까?

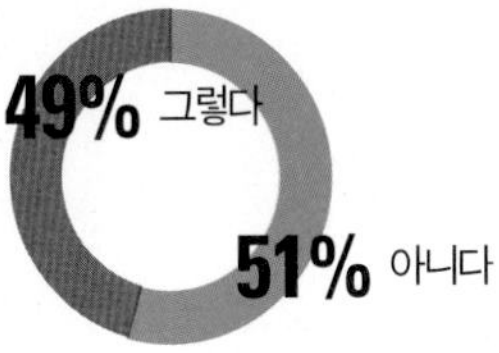

49% 그렇다
51% 아니다

동일 전공을 선택하지 않는 이유는 무엇인가요?

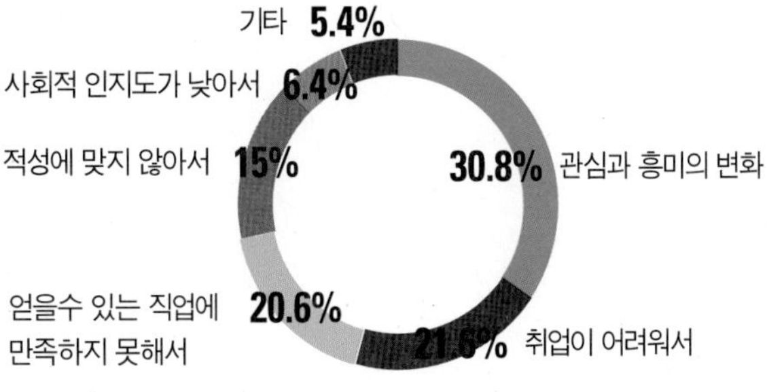

기타 **5.4%**
사회적 인지도가 낮아서 **6.4%**
적성에 맞지 않아서 **15%**
30.8% 관심과 흥미의 변화
얻을수 있는 직업에 만족하지 못해서 **20.6%**
21.6% 취업이 어려워서

나의 현재 꿈에서부터 출발하기

성공적인 사회진출을 위한 진로설계와 함께 보다 나은 준비를 하기 위해서는 자신의 성격, 적성, 흥미, 스타일 등 다양한 요인을 고려하여야 한다. 그러나 그보다 먼저 현재 자신이 꿈꾸는 모습이 어떤 삶인지, 그 꿈을 왜 선택했는지, 그 꿈에 대한 확신 정도는 어느 정도인지, 그 꿈을 실현하기 위해 현재 자신이 하고 있는 노력의 정도는 어느 정도인지에 대해 구체적으로 점검해 보고 준비해 나가도록 해 보자.

다양한 진로방향 중 나는 어떤 길로 가고자 하는가?

현재 나의 꿈은...?

3

내가 그 꿈을 선택한 이유는 무엇인가?

나는 그 꿈에 대해 얼마나 확신(1~10점)하고 있는가?

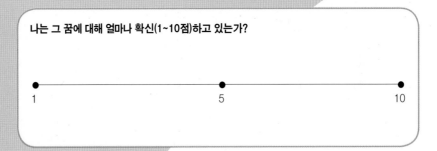

1   5   10

그 꿈에 가까워지기 위한 나의 노력(1~10점)은..?

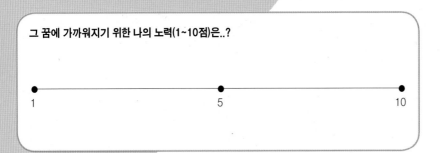

1   5   10

나는 그 꿈에 가까워지기 위해 구체적으로 어떤 노력을 하고 있는가?

MAIN THEME 3

자기특성 분석 무엇을 & 어떻게 해야 할까?

자신의 미래 청사진을 그리고 지도를 만들기 위해서는 솔직하고 정확한 자기분석을 통해 자신의 과거와 현재를 성찰하고, 그것을 기초로 미래에 어떤 일을 할 것인지에 대한 아웃라인을 잡고 계획을 세워야 할 것이다. 그러기 위해서는 냉철하고도 솔직한 자기평가와 분석이 필요하다. 이를 위해서는 (1) 주관적 자기이해 - 자신의 다양한 특성, 성격, 기질, 적성, 취미 등 과거부터 현재까지를 분석하는 방법, (2) 객관적 자기이해 - 각종 진로 심리검사를 통해 객관적으로 분석하는 방법, (3) 외부환경을 통한 자기이해 - 자신을 잘 아는 주변인을 통해 자기의 특성을 분석하는 방법 등이 있다.

주관적 자기이해 하기

Have- Want List 작성하기

have-want list를 활용하여 자신의 꿈과 관련하여 자신이 소유하고 있는 것과 소유하고 있지 않는 것, 원하는 것과 원하지 않는 것을 매트릭스로 규명하여 자신의 경력이나 생애목표와 관련하여 가지고 있는 장·단점을 파악하고 일반적인 방향성을 탐색하여 자신에 대한 이해도를 높여 보도록 하자.

Ⅰ영역 : 현재 소유하고 있고 앞으로도 나의 인생에 존재하기를 원하는 가치 (긍정요인)

Ⅱ영역 : 현재 가지고 있지만 원하지는 않거나 버려야 할 것 (보완요인)

Ⅲ영역 : 현재 가지고 있지 않고 앞으로도 원하지 않는 것 (부정적인 것들:질병)

Ⅳ영역 : 현재 가지고 있지는 않지만 앞으로 원하는 것 (바램·꿈·역량 등)

WANT-HAVE MATRIX의 핵심은 Ⅱ와 Ⅳ영역으로 가령 Ⅱ영역에 '흡연'이 있다면 Ⅳ영역엔 '금연으로 기인한 건강'일 것이다. 즉 Ⅱ영역에서 Ⅳ영역으로 가기 위한 실천 목표를 세우는 것이 WANT-HAVE MATRIX를 작성하는 의도이다.

	HAVE	
Ⅰ영역 성격 : 신중함, 책임감 신체 : 건강함 습관 : 정리정돈 경험 : 모험심, 자원봉사 기타 : 통기타 수영		**Ⅱ영역** 성격 : 급한 성격이 있음 신체 : 술배가 나옴 습관 : 흡연 경험 : 급조된 여행 기타 : 과소비
WANT		**DON'T WANT**
Ⅳ영역 성격 : 여유가지기 신체 : 식스펜 만들기 습관 : 금연하기 경험 : 배낭여행 가기 기타 : 절약하기(적금들기)		**Ⅲ영역** 성격 : 우유부단함을 싫어함 신체 : 허약함 싫어함 습관 : 마약, 도박을 싫어함 경험 : 경험이 없는것을 싫어함 기타 : 목표가 없는것을 싫어함
	DON'T HAVE	

나의 경쟁력 파악하기(Have-Want List)

Have-Want	Have-Don't want
Don't have - Want	Don't have - Don't want

주관적 자기이해 정리

내가 생각하는 나의 긍정요인 _____

내가 생각하는 나의 보완 요인 _____

객관적 자기이해 하기

각종 진로 심리검사 해 보기

신뢰도와 타당도가 보장된 다양한 심리검사를 해 봄으로써 자기탐색을 더욱 객관적인 방법으로 촉진하는 역할을 한다. 검사결과들을 통해 "아...내가 이런 면이 있었나? 내가 이런 흥미가 있었나?"하며 자기에 대한 궁금증을 통해 자기분석을 촉진하는 자극으로 활용해야 한다.

번호	검사명	소요시간	할 수 있는 곳
1	진로준비도검사	20분	한국고용정보원 워크넷 http://www.work.go.kr/
2	직업가치관검사	20분	한국고용정보원 워크넷 http://www.work.go.kr/
3	직업선호도검사(L형)	60분	한국고용정보원 워크넷 http://www.work.go.kr/
4	직업적성검사	60분	한국고용정보원 워크넷 http://www.work.go.kr/
5	주요능력효능감검사	20분	한국직업능력개발원 커리어넷 http://www.careernet.re.kr/
6	이공계전공적합도검사	30분	한국직업능력개발원 커리어넷 http://www.careernet.re.kr/
7	MBTI(성격유형검사)	60분	KPTI 온라인 심리검사센터 http://www.career4u.net/
8	Strong 직업흥미검사	60분	KPTI 온라인 심리검사센터 http://www.career4u.net/
9	Holland 적성탐색검사	60분	한국가이던스 http://www.guidance.co.kr/
10	기타 진로 관련 전문검사	내방	각 대학 종합인력개발센터 또는 학생상담센터

외부환경을 통한 자기이해 하기

타인을 통해 알게 된 자신의 긍정요인과 보완요인 작성하기

자기이해를 하는 또 하나의 방법은 부모님이나 친구, 선배, 교수님, 멘토 등 가까운 주변인에게 자신에 대해 물어보고 자신이 알지 못한 자신의 모습이나 긍정요인과 보완요인 등을 들어봄으로써 자기분석을 좀 더 깊이 있게 해 나갈 수 있다.

3

OO아~^^
나 지금 급하게 과제를 해야
해서 그러는데 ... 네가
지금까지 본 나의 강점 &
보완점 좀 말해줄래~~?^^;;

외부 환경을 통한 자기 이해 정리

사회적 지지자	긍정요인	보안요인
가족1		
가족2		
친구1		
친구2		
선배		

FINALI-ZATION

나는 지금 어디에 서 있는가?

진로탐색에서 자기특성 탐색의 시작은 자신의 진로를 탐색・준비하고 적응해가는 과정에서 자신의 진로준비 정도와 어떤 부분을 더 보완해야 할지를 명확히 알고 준비하는 출발점 행동의 진단이 그 시작점이 될 것이다.

이를 위해 한국직업능력개발원 커리어넷(http://www.careernet.re.kr)의 '진로개발준비도 검사'를 활용하여 참고해 볼 필요가 있다. 이 검사는 '자기이해, 전공 직업지식, 진로 결정 확신도, 의사결정 자신감, 관계 활용 자신감, 구직 준비도'라는 여섯 가지 영역을 통해 자신의 진로준비 정도에 대한 명확한 수준을 살펴보고, 보다 적극적이고 체계적으로 진로를 설계해 나가는 데에 참고자료로 활용할 수 있을 것이다.

하위요소	검사내용
자기이해	자신이 무엇을 좋아하고, 잘 할 수 있으며, 또 중요시 하는지에 대해 알고 있는 정도를 의미한다. 자신에 대해 더 알고 싶다면, 일상생활의 다양한 상황에서, 다양한 방법을 통해 자신에 대해 꾸준히 성찰하는 것이 자신의 진로개발에 성공적인 기초가 될 것이다.
전공 직업지식	관심 있는 직업과 전공에 대해 어느 정도 알고 있는지를 의미한다. 이러한 정보들을 더 알고 싶다면, 직업정보나 전공정보를 살펴보자. 그리고 직업종사자, 선배, 교수님과의 만남 등 다양한 경로를 통해 직업과 전공에 대한 정보를 확대해 나가기 바란다.
진로 결정 확신도	현재 자신이 결정한 진로에 대한 확신과 만족 정도를 의미한다. 자신의 진로결정이 최선인가에 대해 늘 검토하는 자세가 필요하다. 자신이 무엇을 좋아하고, 잘 할 수 있으며, 또 중요시 하는지를 더 알고자 한다면 심리검사를 해 보자. 관심 있는 직업과 전공을 더 알고자 한다면 직업정보나 전공정보를 탐색해보자.
의사결정 자신감	진로의사결정에 대해 어느 정도 자신감을 가지고 있는지를 의미한다. 보다 효과적으로 의사결정을 하는 방법을 알고 싶다면, 문제해결 역량과 의사결정 역량 강화를 위한 훈련을 해 보자.
관계 활용 자신감	일상생활이나 취업과 관련된 정보나 사회적 지지를 얻기 위해 주위 사람들과의 관계를 활용함에 있어 어느 정도 자신감을 가지고 있는지를 알려준다. 보다 다양하게 관련 기술을 습득하고자 한다면, 자신의 네트워킹을 체크해보고, 멘토링 프로그램을 활용하기 바란다.
구직 준비도	취업을 위해 구체적으로 요청되는 사항들에 대해 어느 정도 자신감을 가지고 있으며 그 준비 정도는 어느 정도인지를 의미한다. 이를 토대로 구직과정 프로세스인 이력서, 자기소개서, 면접 등 구직기술에 대한 추가 정보를 얻기 바란다.

Work Sheet 3-01 _____

나의 진로 준비상황 점검하기

커리어넷에서 검사한 자신의 진로준비도검사의 결과를 바탕으로 어떤 부분을 좀 더 보완해 나가야 할지에 대해서 알아보도록 하자.

나는 지금 어디에 서있는가?

하위 요소	백분위	검사결과	보완점
예시) 자기이해	15	나에 대해 잘 알고 있다고 생각했으나, 정작 내가 무엇을 하고 싶은지, 잘 할 수 있는지에 대해 모르고 있었음을 알게 되었다	매일 잠들기 전 나의 부족한 부분을 생각하고 그것을 보완하는 방법을 고민하는 시간을 10분씩 가지겠다.
자기이해			
전공 직업지식			
진로 결정 확신도			
의사결정 자신감			
관계 활용 자신감			
구직 준비도			

4

성격 특성을 통한 자기탐색의 기초 만들기

SECTION INTRO

객관적인 자기이해를 위한 출발점에 서기

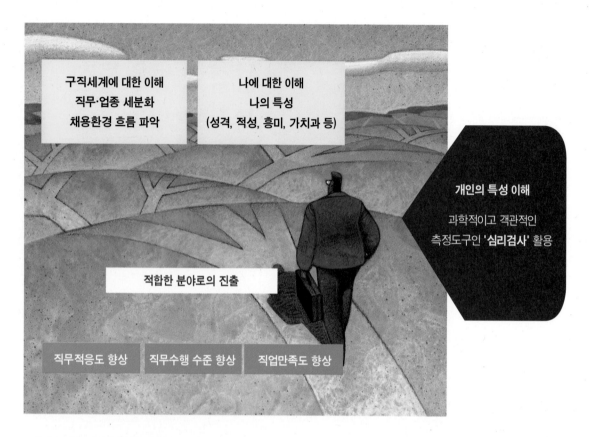

구직세계에 대한 이해
직무·업종 세분화
채용환경 흐름 파악

나에 대한 이해
나의 특성
(성격, 적성, 흥미, 가치과 등)

개인의 특성 이해
과학적이고 객관적인
측정도구인 '심리검사' 활용

적합한 분야로의 진출

직무적응도 향상　　직무수행 수준 향상　　직업만족도 향상

3장에서 현재 자신의 꿈을 되짚어 보는 작업을 시작으로 Have-Want List를 통한 주관적 자기이해와 외부환경(타인)을 통한 자기이해 작업을 했다면, 4장과 5장에서는 성격과 흥미, 적성, 가치관 등의 자신의 특성에 맞는 구체적 진로 특성을 명확하게 탐색할 수 있는 객관적인 검사를 통해 개인의 진로탐색 및 직업선택에 유용하게 활용할 수 있는 자기이해 자료로 활용하고자 한다.

우리가 열심히 탐색하고자 하는 자기특성들은 우리의 진로설계 및 직업선택을 위한 과정에서의 효과성 있는 예측 및 참고를 위한 디딤돌이 된다. 앞으로 살펴볼 성격특성을 통해서는 직업 선택 후 직무적응도와 관련된 예측을 할 수 있다면, 5장에서 살펴볼 흥미를 통해서는 직업선택과 관련된 예측을, 적성을 통해서는 직무수행 수준과 관련된 예측을, 가치관을 통해서는 직업만족도, 더 나아가서는 삶의 만족도와 관련된 예측을 할 수 있다.

따라서 이러한 객관적인 자기특성 탐색의 정보와 함께 능력, 희망직업, 개개인의 전공과 특수한 상황 등을 고려하여 종합적인 진로 탐색 및 직업선택을 하여야 할 것이다.

NEWS BRIEFING

일을 잘 못하거나 능력이 떨어진다고 괴로워하기보다 자신에게 맞는 일을 찾는 것이 중요합니다.

4

삼성증권 초고액자산가 대상 서비스(SNI) 사업부를 담당하는 이재경 상무는 '삼성캠퍼스톡' 행사장에 모인 대학생들에게 경험담을 시작으로 이야기를 풀었다. 삼성캠퍼스톡은 삼성그룹 임직원이 전국 대학생들을 찾아가 진로 고민 해결을 돕는 프로그램이다.

이 상무는 삼성증권의 첫 여성 임원이다. 그는 "처음 은행에서 텔러로 근무할 당시 제 급한 성격은 업무에 마이너스가 되는 요소였다"며 "영업직으로 업무를 전환하자 장점이 됐다"고 말했다.

또한 이 상무는 자신이 원하는 커리어에 대해 '끊임없는 관심, 바른 인성, 남다른 열정'의 세 가지 요소를 갖추어야 한다고 말했다. 매일 뉴스를 보는 습관이나 다양한 성향의 사람과 어울릴 수 있는 인성이 필요하다는 것이다. 이를 바탕으로 능력의 차이를 만드는 것은 결국 '열정'이라고 강조했다.

(경향신문 / 2015-04-08 기사 일부 발췌)

진로를 설계하기 전에, 나 자신부터 먼저 파악하는 것이 우선

갈수록 악화되고 있는 취업난에서 직무(업무) 적합성을 고려하지 않고 무조건 들어가고 보자는 식의 지원이 아닌 자신의 진로를 설계하는 데에 있어 자신에 대해 먼저 파악하는 것이 가장 우선이 되어야 한다. 자신의 성격이 어떤 스타일인지, 어떤 상황에서 어떤 일을 할 때 자신의 강점이 더 잘 발휘될 것이며, 어떤 사람과 어떤 환경에서 일할 때 어려움이 있을지 등에 대한 자기이해를 바탕으로 자신의 능력과 적성, 흥미 등을 파악하여 자신의 열정을 불태울 수 있는 진로를 그려나가야 할 것이다. 그 첫 번째로 자신의 성격 스타일을 이해하는 작업부터 시작해 보고자 한다.

MAIN THEME 1

성격특성 이해하기

각각의 과일이 다른 모양, 다른 맛과 향기를 지니듯이, 우리 사람들도 각자 독특한 스타일과 강점이라는 멋과 향기를 지니고 있다. 어느 하나의 과일이 더 맛있다고 할 수 없듯이 사람 또한 어떤 성격이 좋고 나쁘다고 말할 수 없는 것이다. 오히려 자신의 고유한 성격을 알아보고, 나와 남의 다름과 자신만의 독특한 스타일과 강점을 수용할 때, 사람들은 성숙과 발달을 이룰 수 있게 된다.

이처럼 사람의 성격은 각 개인의 스타일을 좌우하는 매우 중요한 요소이며, 이는 진로를 결정할 때도 신중히 고려해야 할 중요한 요소이다. 그러나 이 성격은 개인마다 각각 다르며, 개인이 만나는 직업세계 또한 똑같을 수가 없다. 이러한 논리에 따르면 성격에 맞는 적합한 직업을 선택할 수 있도록 노력을 하여야 한다.

성격에 대한 학자들의 견해가 다양하지만 일반적으로 성격은 "시간과 환경의 변화에도 불구하고 반복적이며 지속적으로 나타나는 개인의 사고, 감정, 행동에 영향을 미치는 지속적인 특성"을 말한다. 그래서 여러 연구결과들에 따르면, 이러한 성격적 특성으로 인해 각 성격 패턴에 따라 선택율이 높은 직업과 낮은 직업, 성취도나 성공확률이 높은 직업과 낮은 직업으로 대체로 구분된다. 이는 자신의 스타일을 좌우하는 성격요인을 고려하여 진로를 선택하여야 함을 의미한다.

우리가 살펴보고자 하는 MBTI 성격유형검사는 Carl G. Jung의 심리유형론에 근거하여 인간의 성격을 네 가지의 분리된 선호경향으로 구분하여 태도, 선호하는 인식양식, 선호하는 판단양식에서의 개인차를 통해 개인의 성격 특성을 유형론적으로 제시해준다.

여기에서 선호경향이란 교육이나 환경의 영향을 받기 이전에 이미 인간에게 잠재되어 있는 선천적 심리 경향을 말한다. 각 개인은 자신의 기질과 성향에 따라 아래의 4가지 이분척도에 따라 좀 더 선호하는 경향성을 가지게 된다

외향(E) Extraversion	에너지방향, 주의조정	내향(I) Introversion
감각(S) Sensing	인식가능(정보수집)	직관 (N)iNtuition
사고(T) Thinking	판단가능(판단, 감정)	감정(F) Feeling
판단(J) Judging	이행양식/생활양식	인식(P) Perceiving

심리적신호(Preference)란
더 지속적이고 일관성 있게 활용하는 것.
선택적으로 더 자주 많이 쓰는 것
선택적으로 더 좋아하는 것
상대적으로 편하고 쉬운것
상대적으로 더 쉽게 끌리는 것
자연스러운 것

MAIN THEME 2

나의 성격과 진로탐색하기

1) 에너지의 방향

외향형(E)	에너지의 방향 (주의초점)	내향형(I)
폭넓은 대인관계를 유지하며 사교적이고 정열적이며 활동적임	설 명	깊이 있는 대인관계를 유지하며 조용하고 신중함
자기외부에 주의집중 외부활동과 적극성 정열적, 활동적 노출, 쉽게 알려짐 폭넓은 대인관계(다수) 사람이나 일과 관계를 맺음 경험한 다음에 이해	대표적 표현들	자기내부에 주의집중 내부활동과 집중력 조용하고 신중함 보유, 서서히 알려짐 깊이 있는 대인관계(소수) 아이디어나 생각과 관계를 맺음 이해한 다음에 경험
열정적이고 열성적으로 대화한다 생각하는데 긴 휴식 없이 재빨리 반응한다 대화의 초점은 외부세계의 사람과 일에 있다 집단에서 대화할 기회를 찾는다 서면에 의한 커뮤니케이션보다 직접 대면하는 것을 좋아한다(말). 회합 시 결론에 도달하기 전에 큰소리로 말하는 것을 좋아한다	선호하는 커뮤니케이션 스타일	열정과 열성을 내면에 간직한다 대응하기 전에 생각하기를 좋아한다 대화의 초점은 내면적인 아이디어와 생각에 있다 입을 열 필요가 있다 1:1로 대화할 기회를 찾는다 직접 대면한 커뮤니케이션보다 서면을 통해 의사소통하는 것을 좋아한다(글). 회합 시 결론을 내린 뒤에 말을 꺼낸다
다양하고 활동적인 일을 선호한다 장시간을 요하는 일들을 힘들어 할 때가 있다 다른 사람들이 일한 결과와 어떻게 일하는지에 관심이 많다 때로 미리 생각하지 않고 행동으로 먼저 옮긴다 전화응답을 업무방해로 여기지 않는다 토론을 하면서 아이디어를 개발한다 주위에 사람들이 있는 것을 좋아한다	선호하는 업무처리 스타일	조용한 분위기에서 집중하는 것을 선호한다 장시간동안 방해받지 않고 한가지 일을 하는 것을 꺼려하지 않는다 일 뒤에 있는 사실이나 관념에 관심이 있다 행동하기 전에 많이 생각하고 때로는 생각만 하고 그친다 업무 시 전화 때문에 방해받는 것을 싫어한다 심사숙고함으로써 아이디어를 개발한다 혼자서 일하는 것을 좋아한다
사람들과 협력 하에 일하고 책상 앞에서 하는 일보다는 외부활동을 할 수 있는 일을 선호함	직업선택에 대한 기대	혼자서 조용히 집중할 수 있는 일을 선호함
아주분명 ○　분명 ○　보통 ○　약간 ○	분명도 지수	약간 ○　보통 ○　분명 ○　아주분명 ○
	나의 추측유형	

2) 인식가능(정보수집)

감각형(S)	인식가능 (정보수집)	직관형(N)
오감에 의존하고, 실제적인 경험을 중시하며, 지금-여기에 초점을 맞추어 정확하고 철저하게 일처리를 함	설 명	육감 내지 영감에 의존하고, 미래지향적인 가능성과 의미를 추구하며, 신속하고 비약적으로 일처리를 함
오감에 의존 지금-현재에 주의초점 세밀한 부분 구체적이고 실제적인 경험 사실적 사건묘사 관례와 전통 지향 정확하고 철저한 일처리 나무를 보려는 경향	대표적 표현들	육감. 예감, 영감에 의존 미래, 가능성에 주의초점 전체적인 맥락 포괄적인 개념과 아이디어 비유적, 암시적 묘사 변화와 다양성 지향 신속하고 비약적인 일처리 숲을 보려는 경향
증거(사실, 세부내용, 사례)를 먼저 제시하는 것을 좋아한다 실제적이며 현실적인 적응을 보여주기를 원한다 얘기꺼리를 제공하는데 자신의 직접적인 경험에 의존한다 표현할 때 단계적 접근을 좋아한다 직선적이고 실현성 있는 암시를 좋아한다 구체적인 예와 관련시킨다 회의에서 의제에 따르려 한다	선호하는 커뮤니케이션 스타일	큰 문제에 대한 보편적인 체계를 먼저 제시하는 것을 좋아한다 미래 도전의 모든 개연성을 토의하기를 좋아한다 토의를 촉진하는데 상상력과 통찰에 의존한다 표현할 때 우회적인 접근을 사용한다 색다르고 비정상적인 암시를 좋아한다 일반적인 개념에 관련시킨다 회의에서 의제를 뛰어넘으려 한다
문제해결을 위해 경험과 기준을 사용하는 것을 좋아한다 이미 알고 있는 방법을 적용하기 좋아한다 영감을 무시하거나 믿지 않는다 사실에 대해 거의 실수하지 않는다 실질적인 일을 하는 것을 좋아한다 정확함을 요하는 일을 좋아한다 대개 단계적으로 진행한다	선호하는 업무처리 스타일	새롭고 복잡한 문제를 해결하는 것을 좋아한다 사용하지 않은 새로운 기술을 배우는 것을 좋아한다 좋고 나쁨에 대하여 자신의 영감을 따른다 사실에 대해 실수를 한다 혁신적인 일을 하는 것을 좋아한다 먼저 자신의 일을 개관해 보는 것을 좋아한다 변화, 때때로 급진적인 일을 좋아한다 종종 에너지가 솟는 대로 진행한다
세밀하게 주의와 관찰을 요하는 일을 선호함	직업선택에 대한 기대	새로운 문제를 해결할 수 있는 일을 선호함
아주분명 ○ 분명 ○ 보통 ○ 약간 ○	분명도 지수	약간 ○ 보통 ○ 분명 ○ 아주분명 ○
	나의 추측유형	

3) 판단기능(의사결정)

사고형(T)	판단기능 (의사결정)	감정형(F)
진실과 사실에 주로 관심을 갖고, 논리적이고 분석적이며 객관적임	설 명	사람과 관계에 주로 관심을 갖고, 상황적이고 관계와 조화를 중요시함
일, 논리, 진실에 관심 논리적·분석적 체계 객관적 진리 원리와 원칙 원인과 결과 이성 / '옳고 그름' 중요 규범과 기준 중시	대표적 표현들	사람, 관계에 관심 상황적·포괄적 체계 주관적 가치 의미와 영향 / 조화 과정 공감 / '좋고 나쁨' 중요 나에게 주는 의미 중시
간단하고 요약된 것을 좋아한다 각 대안의 장단점이 열거되기를 원한다 지적이며 비판적이며 객관적이 될 수 있다 냉정하고 비인격적인 추론에 의해 확신을 얻는다 먼저 목적과 목표를 제시한다 논리와 객관성이 자료의 가치를 재는 것으로 여긴다 회합 시 과업의 관련성을 찾는다	선호하는 커뮤니케이션 스타일	사교적이며 친절한 것을 좋아한다 각 대안이 왜 가치가 있으며 그것이 사람들에게 어떻게 영향을 미치는지 알고자 한다 인간관계에서 일어나는 것을 인정할 수 있다 열성적으로 얻은 개인적 정보에 의해 확신한다 먼저 동의와 요점을 제시한다 감정과 정서를 자료의 가치를 재는 것으로 여긴다 회합 시 사람들과의 관련성을 찾는다
논리적 분석을 이용하여 결론에 도달한다 조화 없이도 일할 수 있다 타인의 감정을 상하게 하는 것을 모를 수 있다 비개인적으로 판단하는 경향이 있으며 때로는 사람들의 소망에 충분히 주의를 기울이지 않는다 의지력이 강한 경향이 있으며 적당한 때에 비판을 할 수 있다 상황에 포함된 원칙을 관찰한다 일이 잘 되었을 때 보상을 받고자 한다	선호하는 업무처리 스타일	가치를 이용하여 결론에 도달한다 다른 사람과의 조화 속에서 일을 가장 잘한다 중요하지 않은 상황에서라도 타인을 즐겁게 하려고 한다 다른 사람들이 좋아하고 싫어하는데 영향을 받아 결정을 내리기도 한다 상황 속에 깔려 있는 가치를 관찰한다 사람들의 요구를 들어줄 때 보상을 얻고자 한다
논리적 질서, 사상, 숫자, 물리적 대상과 관련된 일을 선호함	직업선택에 대한 기대	타인에 대한 봉사와 조화롭고 관계지향적인 작업환경에서의 일을 선호함
아주분명 ○　　분명 ○　　보통 ○　　약간 ○	분명도 지수	약간 ○　　보통 ○　　분명 ○　　아주분명 ○
	나의 추측유형	

(4) 생활양식(행동양식)

판단형(J)	생활양식 (행동양식)	인식형(P)
분명한 목적과 방향이 있고, 기한을 엄수하며, 사전계획적이고 체계적임	설명	목적과 방향은 변화가능하고, 상황에 따라 일정이 달라질 수 있으며, 자율적이고 융통성이 있음
계획·체계 선호 정리정돈과 계획 분명한 방향감각 분명한 목적의식 통제와 조정 조직화된 뚜렷한 기준과 자기의사	대표적 표현들	자율 선호 상황에 따른 개방성 환경에 따른 변화 목적과 방향의 변화 융통과 적응 유연한 상황을 고려한 자기의사
최종기일이 엄격하게 정해진 일정표와 스케줄을 토론하기 원한다 갑작스러운 일을 싫어하며 사전통보를 원한다 타인이 따라주기를 원하며 기대한다 자신의 위치와 의견을 분명하게 진술한다 결과와 성취를 전달한다 목적과 방향에 관해 이야기 한다 회합 시 수행해야 할 과업에 초점을 맞춘다	선호하는 커뮤니케이션 스타일	스케줄에 대해서는 기꺼이 토론하지만 엄격한 최종일정에 대해서 마음이 편하지 않다 갑작스러운 일을 즐기며 마지막 순간의 변화에 적응하기를 좋아한다 타인의 상황적 요구에 적응하기를 기대한다 자신의 견해는 임시적이며 수정가능한 것으로 제시한다 여러 대안과 기회를 이야기 한다 자율성과 융통성에 관해 이야기 한다 회합 시 안정되어야 할 과정에 초점을 둔다
계획을 세우고 그것에 따라 일할 때 잘한다 일을 완결하고 끝내는 것을 좋아한다 해야 할 필요성이 있는 새로운 일에 주의를 기울이지 않는 경향이 있다 어떤 사물, 상황 또는 사람에 대하여 결론을 얻었을 때는 만족하는 경향이 있다 너무 빨리 결정을 내릴 수 있다 구조와 계획을 찾는다 작업 목록을 과업을 촉진하는 방법으로 사용한다	선호하는 업무처리 스타일	일을 하는데 융통성을 즐긴다 마음이 내키지 않는 일을 마지막 순간까지 미루는 경향이 있다 일이나 상황 또는 사람들에 대한 새로운 사실을 좋아하며 호기심을 가지는 경향이 있다 다른 가능성을 탐색하느라 결정내리는 것을 미루는 경향이 있다 변화하는 상황에 잘 적응하며 변화 없는 것을 제한하는 것으로 느낀다 작업 목록을 언젠가 해야 될 일들을 상기시키는 데 사용한다
체계적이고 단계적인 일을 선호함	직업선택에 대한 기대	상황대처능력과 상황이해능력을 발휘할 수 있는 일을 선호함
아주분명 ○ 분명 ○ 보통 ○ 약간 ○	분명도 지수	약간 ○ 보통 ○ 분명 ○ 아주분명 ○
	나의 추측유형	

MAIN THEME 3

성격 유형별 종류와 특징 이해하기

MBTI의 사분할 지표에 따른 해석

IS유형 사려 깊은 현실형

사실을 통한 아이디어 입증 · 검토 좋아함
신중하고 차분한 마음으로 실제적이고 사실적인 문제 다루기 즐김

ISTJ
한번 시작한 일은 끝까지 해내는 사람들

신중하고 조용하며 집중력이 강하고 매사에 철저함
구체적, 체계적, 사실적, 논리적, 현실적이며 신뢰할
만함
만사를 체계적으로 조직화하려 하며, 책임감이 강함
성취해야 한다고 생각하는 일이면 주위의 시선에
아랑곳하지 않고 꾸준하고 건실하게 추진해 나감

ISFJ
성실하고 온화하며 협조를 잘하는 사람들

조용하고 친근하고 책임감이 있으며 양심 바름
맡은 일에 헌신적이며 어떤 계획의 추진이나 집단에
안정감을 줌
매사에 철저하고 성실하고 정확하며, 기계 분야에는
관심이 적음
필요하면 세세한 면까지도 잘 처리해 나감
충실하고 동정심이 많고 타인의 감정에 민감함

IS유형

ISTP
논리적, 뛰어난 상황적응력을 가진 사람들

차분한 방관자
조용하고 과묵하며, 절제된 호기심을 가지고 인생을
관찰하고 분석
때로는 예기치 않게 유머감각을 나타내기도 함
대체로 인간관계에 관심이 없고, 기계가 어떻게
왜 작동하는지 흥미가 많음
논리적인 원칙에 따라 사실을 조직화하기를 좋아함

ISFP
따뜻한 감성을 가지고 있는 겸손한 사람들

말없이 다정하고 친절하고 민감하며 자기능력을
뽐내지 않고 겸손함
의견의 충돌을 피하고 자기견해나 가치를 타인에게
강요하지 않음
남앞에 서서 주도해 나가기 보다 충실히 따르는 편
일하는 데에 여유가 있음
목표달성에 안달복달하지 않고 현재를 즐김

ES유형 행동지향적 현실주의자

활동적이고 현실적이며 가장 실용주의적인 유형

ESTP
친구, 운동, 음식 등 다양한 활동을 선호하는 사람들

현실적인 문제해결에 능함
근심이 없고 어떤 일이든 즐길 줄 앎
기계 다루는 일, 운동, 친구사귀기를 좋아함
강한 적응력, 관용적이며 보수적인 가치관을 가짐
긴 설명을 싫어함
기계 분해/조립과 같은 실제적인 일을 다루기에 능함

ESFP
분위기를 고조시키는 우호적인 사람들

사교적이고 태평스럽고 수용적이고 친절하며 만사를
즐기는 유형이기 때문에 다른 사람들로 하여금 일에
재미를 느끼게 함
운동을 좋아하고 주위에서 벌어지는 일에 관심이
많아 끼어들기를 좋아함
추상적인 이론보다는 구체적인 사실을 기억하는 편
건전한 상식이나 사물뿐 아니라 사람들을 대상으로 구체
적인 능력이 요구되는 분야에서 능력을 발휘할 수 있음

ES유형

ESTJ
사무적, 실용적, 현실적으로 일을 많이 하는 사람들

구체적이고 현실적이고 사실적이며, 기업 또는 기계에
재능을 타고남
실용성 없는 일에는 관심 없으며 필요할 때 응용할 줄 앎
활동을 조직화하고 주도해 나가기를 좋아함
타인의 감정이나 관점에 귀를 기울일 줄 알며 훌륭한
행정가로 평가 받을 수 있음

ESFJ
친절과 현실감을 바탕으로 타인에게 봉사하는 사람들

마음이 따뜻하고 이야기하기 좋아하고, 사람들에게
인기가 있고 양심 바름
남을 돕는 데에 타고난 기질이 있으며 집단에서도
능동적인 구성원임
조화를 중시하고 인화를 이루는데 능함
격려나 칭찬을 들을 때 가장 신바람을 냄
사람들에게 직접적이고 가시적인 영향을 줄 수 있는
일에 가장 관심이 많음

EN유형 행동지향적인 창안자

변화의 추구자
관심의 폭이 넓고, 새로운 양식과 관계 찾기를 즐김

ENFP
열정적으로 새로운 관계를 만드는 사람들

따뜻/정열적, 활기에 넘치며 재능이 많고 상상력 풍부
관심이 있는 일이라면 어떤 일이든지 척척 해냄
어려운 일이라도 해결을 잘하며 항상 남을 도와줄
태세를 가지고 있음
자신의 능력을 과시한 나머지 미리 준비하기 보다
즉흥적으로 덤비는 경우가 많음
자기가 원하는 일이라면 어떠한 이유라도 갖다 붙이며
부단히 새로운 것을 찾아 나섬

ENTP
풍부한 상상력을 가지고 새로운 것에 도전하는 사람들

민첩/독창적, 안목이 넓으며 다방면에 재능이 많음
새로운 일을 시도하고 추진하려는 의욕이 넘침
새롭거나 복잡한 문제를 해결하는 능력이 뛰어나며
달변이나 일상적이고 세부적인 면은 간과하기 쉬움
한가지 일에 관심을 가져도 부단히 새로운 것을 찾아
나섬
자기가 원하는 일이면 논리적인 이유를 찾아내는데 능함

EN유형

ENFJ
타인의 성장을 도모하고 협동하는 사람들

주위에 민감하며 책임감이 강함
다른 사람들의 생각이나 의견을 중히 여기고, 다른
사람들의 감정에 맞춰 일을 처리하려 함
편안하고 능란하게 계획을 내놓거나 집단을 이끌어
가는 능력이 있음
사교성이 풍부하고 인기 있고 동정심이 많음
남의 칭찬이나 비판에 지나치게 민감하게 반응함

ENTJ
비전을 가지고 사람들을 활력적으로 이끌어 가는 사람들

열성이 많고 솔직하고 단호하고 통솔력이 있음
대중연설과 같이 추리와 지적 담화가 요구되는
일이라면 어떤 것이든 능함
보통 정보에 밝고 지식에 대한 관심과 욕구가 많음
때로는 실제의 자신보다 더 긍정적이거나 자신 있는
듯한 사람들로 비칠 때도 있음

IN유형 사려 깊은 개혁가형

내관적이고 학문적이며 가장 비실용주의적인 유형
아이디어, 이론, 이해의 깊이 등 지식 자체에 관심이 많음

INFJ
한번 시작한 일은 끝까지 해내는 사람들

인내심이 많고 독창적이며 필요하거나 원하는 일이라면
끝까지 이루려 함
자기 일에 최선의 노력을 다함
타인에게 말없이 영향력을 미치며, 양심 바르고 다른
사람에게 따뜻한 관심을 가지고 있음
확고부동한 원리원칙을 중시함
공동선을 위해서는 확신에 찬 신념을 가지고 있기
때문에 존경을 받으며 사람들이 따름

INTJ
전체적 부분을 조합, 비전을 제시하는 사람들

대체로 독창적이며 자기 아이디어나 목표를 달성하는데
강한 추진력을 가지고 있음
관심을 끄는 일이라면 남의 도움이 있든 없든 이를
계획하고 추진해 나가는 능력이 뛰어남
회의적, 비판적 독립적이고 확고부동하며 때로는
고집스러울 때도 많음
타인의 감정을 고려하고 타인의 관점에도 귀를
기울이는 법을 배워야 함

IN유형

INFP
이상적 세상을 만들어가는 사람들

정열적이고 충실하나 상대방을 잘 알기 전까지는 이를
드러내지 않음
학습, 아이디어, 언어, 자기독립적인 일에 관심이 많다
어떻게 하든 이뤄내기는 하나 일을 지나치게 많이
벌이려는 경향을 가지고 있음
남에게 친근하나 많은 사람들을 동시에 만족시키려는
부담을 가지고 있음
물질적 소유나 물리적 환경에는 별 관심이 없음

INTP
비평적 관점을 가지고 있는 뛰어난 전략가들

조용하고 과묵함
특히, 이론적 과학적 추구를 즐기며, 논리와 분석으로
문제를 해결하기를 좋아함.
주로 자기 아이디어에 관심이 많으나, 사람들의
모임이나 잡담에는 관심 없음
관심의 종류가 뚜렷하므로 자기의 지적 호기심을
활용할 수 있는 분야에서 능력을 발휘할 수 있음

Work Sheet 4-01

성격특성에 비추어 본 나의 긍정요인 · 보완요인 점검하기

MBTI 성격유형검사 결과표를 작성해 보고, 유형별 결과에서 파악된 성격을 표현하는 단어들 중 자신을 표현할 수 있는 단어와 그 단어를 뒷받침할 수 있는 키워드를 찾아보자. 또한 자신의 성격을 객관적으로 분석한 MBTI 성격유형검사 결과를 토대로 자신이 생각하는 긍정요인과 보완요인들을 정리해 보도록 하자.

4

자기진단 추측유형

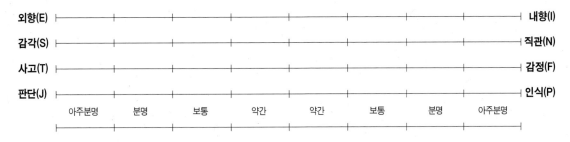

결과정리

유형	E/I	S/N	T/F	J/P
나의 추측유형				
실제검사결과유형				
나의 유형				

성격유형검사를 통해 본 나의 키워드

나의 긍정요인 · 보완요인

	나의 긍정요인 Best 5	나의 보완요인 Best 5
예시	나는 언제나 어떠한 일을 할 때, 피할 수 없으면 즐기기 위해 노력한다.	일어나지 않는 일에 대해 너무 많은 걱정을 한다.
1		
2		
3		
4		
5		

[부록] MBTI 성격 유형별 특성 바로 이해하기

ISTJ - 철저하고, 근면하고, 체계적이며, 노력하고, 세부사항에 주의한다.

성격유형적 특성
- 실제 사실에 대해 정확하고 체계적으로 기억한다.
- 매사에 신중하고 책임감과 집중력이 강하며, 현실감각이 뛰어나 일을 할 때 실질적이고 조직적으로 처리한다.
- 위기상황에서도 침착하고 충동적으로 일을 처리하지 않는다.
- 일관성이 있고 관례적이며, 보수적인 입장을 취하는 경향이 있다.
- 현재 문제를 해결할 때 과거 경험을 잘 적용하며, 일상적으로 반복되는 일에도 인내력이 강한 편이다.

만족하는 일이나 작업환경
- 자신이 기억하고 있는 세부적이고 중요한 사항들을 바탕으로 치밀하게 일할 때
- 혼자서 독립적으로 일하며 맡겨진 과업이나 프로젝트를 오랜 시간 집중할 수 있을 때
- 예측할 수 있고 안정적이며 일관성 있는 환경에서 일하고 있을 때
- 분명한 목표를 가지고 있는 논리적이고 효과적으로 잘 짜인 조직구조 안에서 일할 때
- 자신의 과업이나 프로젝트를 시작하기 전에 적절한 준비기간이나 시간이 주어질 때
- 자신이 수행하여야 할 책임의 범위가 분명하게 주어질 때

진로 및 업무 스타일
- 맡은 일을 매우 철저히 수행하고, 건실하며 체계적이다.
- 세부사항과 절차에 세심한 주의를 기울인다.
- 일에 충동적으로 뛰어들지 않으나, 한번 관여하면 중단하거나 포기하지 않는다.
- 이들은 일반적으로 조직력과 정확성을 잘 드러낼 수 있는 직업을 선택하는 경향이 있다.
- 이들이 책임자의 역할을 맡으면, 현실적으로 판단하는 것과 일관성 있는 규범과 절차를 따르는 것을 중요하게 여기고 보수적인 입장을 취한다.

강점
- 정해진 일과 절차에 따라 정확하고 빈틈없이 일을 한다.
- 일단 어떤 것을 배우고 연습하면 타인의 추종을 불허할 만큼 잘한다.
- 집중력이 뛰어나며 사람들과의 접촉 없이도 혼자서 일을 잘한다.
- 조직의 유지가 안정적이며, 책임감이 강하며 끝마무리를 잘한다.
- 끈기나 계획, 약속, 목표달성을 매우 존중한다.

개발할 점
- 직업탐색에 있어서 잠재적인 결점은 직업탐색의 범위를 너무 좁게 잡아 좋은 기회들을 놓치거나, 다양한 직업 선택권을 고려하는데 실패하는 경향이 있다.
- 너무 조심하거나 자신을 과소평가하는 경향이 있다.
- 변화와 다른 가능성에 대해 개방적인 태도를 취하며, 장기적인 안목을 가질 필요가 있다.
- 변화를 좋아하지 않는 경향이 있다. 융통성이 부족할 수 있다.
- 정서 표현에 노력할 필요가 있고, 자신과 타인의 감정에 민감할 필요가 있다.

ISFJ - 동정적이며 충실하고 이해심 있고 친절하며 지원을 요청하는 사람을 위해 어떤 어려움도 무릅쓰고 도우려 한다.

성격유형적 특성
- 책임감이 강하고 온정적이며 헌신적이다.
- 세부적이고 치밀하며 반복을 요구하는 일을 끝까지 수행하는 등 인내심이 강하다.
- 다른 사람의 사정을 잘 고려하며, 자신과 다른 사람의 감정의 흐름에 민감하다.
- 일을 처리할 때 현실감각을 가지고 실제적이고 조직적으로 수행한다.
- 경험을 통해 자신이 생각한 것이 틀렸다고 확인하기 전까지, 어떤 난관이 있어도 꾸준히 밀고 나간다.

만족하는 일이나 작업환경
- 자신의 주의 깊고 세심하고 치밀한 관찰력과 정확성이 요구되는 일을 수행하게 될 때
- 배후에서 다른 사람을 위해 헌신했다는 것을 사람들이 인정하고 고마워할 때
- 자신에게 주어진 과업을 완수하기 위하여 주어진 상황을 구조화할 필요가 있을 때
- 장기간동안 방해를 많이 받지 않고 충분히 집중할 수 있는 사적인 작업공간
- 절차를 잘 따르고 실질적인 판단을 필요로 하며 주의 깊고 세심한 배려를 필요로 하는 과업을 수행할 때
- 예측 가능한 결과를 위하여 한 사람 또는 하나의 프로젝트나 과업에 온 정성을 쏟아낼 수 있을 때
- 자신의 과업에 대하여 많은 사람들 앞에 나서서 알리고 현재의 상황을 보고 하도록 요구받지 않을 때

진로 및 업무 스타일
- 많은 양의 사실을 기억하고 이용할 수 있지만, 그 사실이 모두 정확하게 구조화되고 모든 것이 명확하게 쓰여지는 것을 좋아한다.
- 위기 상황에 대처할 때에도 차분하고 안정적이다.
- 어떤 상황에 대처할 때 외면의 차분함 뒤에 심할 정도로 개인적인 감정을 느낀다.
- 세심한 관찰력을 발휘하고 인간에 대한 관심을 연결할 수 있는 직업을 선택하는 경향이 있다.

강점
- 일에 대해 책임감 있고 열심히 일하며 윤리의식이 강하다.
- 충분히 신뢰할 수 있어 다른 사람들은 그들을 믿을 수 있다.
- 연속적이고 반복적인 절차나 과업을 요구하는 일상적인 일을 훌륭히 해낸다.
- 세부사항에 주의 깊고 철저하며 정확하다.
- 다른 사람을 돕는 일을 즐긴다. 동료나 부하직원을 잘 지원한다.
- 특히 관리상의 면에서 '숨은 실세'이다.

개발할 점
- 직업탐색에 있어서 잠재적 결점은 어떤 직업의 독특한 가능성이나 다양성을 간과하는 경향이 있다.
- 미래 결과의 의미를 보지 못할 수 있기 때문에 장기적인 안목으로 미래를 볼 필요가 있다.
- 자신의 견해를 남에게 이야기할 때 충분한 확신을 갖도록 해야 한다.
- 주체성과 독단성을 키우고, 명령하고 지시하는 역할에도 익숙해지도록 노력해야 한다.

ISTP - 관리상황을 숙지하고 사실을 파악하고 임기응변적이고 현실적이며 이성에 의하지 않고는 어떤 것도
신뢰하지 않는 경향이 있다.

성격유형적 특성
- 조용하고 말이 없으며 인생을 논리적으로 분석하며 객관적으로 관찰한다.
- 뚜렷한 사실에 근거한 객관적인 추론을 제외한 어떤 것에 의해서도 확신하지 않는다.
- 일과 관계되지 않은 이상, 어떤 상황이나 다른 사람들의 일에 직접 뛰어들지 않는 경향이 있다.
- 자신을 필요 이상으로 개방하지 않으려 하며, 대체로 가까운 친구들 외에는 다른 사람을 사귀려고 하지 않는다.
- 조용하지만 열정적이고 호기심이 많다.

만족하는 일이나 작업환경
- 자신이 가지고 있는 논리적 원칙이나 기술적 지식을 필요로 하는 일을 수행할 때
- 자신이 평소에 잘 다루는 장비나 도구를 능수능란하게 다루어야 할 필요가 있을 때
- 자신의 재치를 바탕으로 분쟁을 해결하거나 해결책을 제시할 필요가 있을 때
- 다른 사람들에 의해 과도한 규정 및 규준을 따르도록 강요받지 않고 일할 수 있을 때
- 분명한 방향감각을 가지고 실질적인 산출물을 만들어야 하는 일을 수행할 때
- 자신에게 흥미진진한 일을 할 때 자유롭게 다양한 활동을 할 수 있도록 허용될 때
- 위기상황에서 즉흥적인 모험을 감행할 수 있도록 허용을 받을 때
- 자신의 관심분야나 취미생활을 충분히 즐길 수 있도록 허용을 받을 수 있을 때

진로 및 업무 스타일
- 일상생활에 적응력이 매우 뛰어나고 손재주가 많다.
- 도구나 재료를 잘 다루며, 과학 분야, 기계 계통, 엔지니어링 분야에 관심이 많다.
- 기계나 기술 분야에 흥미가 없다면, 비조직화된 사실을 조직화하는 재능이 많다.

강점
- 현실적이고 눈에 보이는 일을 잘한다.
- 즉시 상기할 수 있는 사실들이나 특성들의 저장소와 같다.
- 대체로 손과 도구를 사용하여 숙달하는 것을 즐긴다.
- 유용한 자원을 분명히 하고 잘 사용한다.
- 불가능한 임무에 대해 관료주의 형식을 벗어나서 불가능한 것을 가능하게 이루어낸다.
- 참작해야 할 상황에 현실적으로 순응한다.

개발할 점
- 직업탐색에서의 잠재적 결점은 장기적 직업계획보다 즉각적 현재에 초점을 두는 경향이 있다.
- 또한 직업탐색 과정을 꾸준히 따르는 것에 대한 어려움이 있을 수 있으며, 더 흥미 있는 일이 곧 뒤따를지도 모른다는 두려움으로 직업
  결정을 연기하는 경향이 있을 수 있다.
- 계획을 세우고 목표하는 결과를 이루기 위해 집중해서 노력하고, 인내심을 키울 필요가 있다.
- 느낌이나 감정, 타인에 대한 고마운 마음을 표현하기 어려워할 때가 많다. 그러므로 자신의 느낌이나 생각, 정보, 계획을 개방하고 타인
  과 나누는 노력이 필요하다.
- 추상적이고 복잡한 이론을 참는 것이 종종 어렵다.
- 지나치게 편의적이고 노력을 절약하는 경향이 있으므로, 열성과 적극성을 키울 필요가 있다.

ISFP - 점잖고 이해심 있고, 불행한 사람에게 동정적이며, 유연한 접근방법을 가지고 있다.

성격유형적 특성
- 다른 사람에게 동정적이며 그 따뜻함을 말보다는 행동으로 나타낸다.
- 융통성이 있고 적응력이 좋으며, 관용적이며, 현재의 삶을 즐긴다.
- 일을 할 때, 목표에 도달하는 것에 조바심내지 않으며 여유를 갖는다.
- 모든 것을 정신적 이상과 개인적 가치관에 따라 판단하고, 생활과 관련된 부분은 아주 개인적으로 접근한다.

만족하는 일이나 작업환경
- 자신의 재능과 에너지가 자신이 가지고 있는 깊은 내면의 가치와 맞아떨어지는 일을 통해 자신의 내면이 성장하고 발달할 수 있는 기회를 만나게 될 때
- 자신의 희생과 협력, 성취 결과로 인해 다른 사람들에게 실질적인 도움을 주고 있을 때
- 사람들에게 구체적이고 실질적으로 도움이 되는 일을 자기가 집중해서 수행하고 있을 때
- 지나친 규정이나 제도에 얽매이지 않고 예의 바르고 정중한 사람들과 함께 일을 하고 있을 때
- 겸손함과 조용함 속에 대인 간의 갈등이 적고 칭찬을 많이 받을 수 있는 협조적인 환경일 때
- 자신에게 주어진 갈등 상황을 즉각적이고 단순하게 해결할 수 있을 때
- 사람들에게 부정적인 피드백을 하지 않아도 될 때

진로 및 업무 스타일
- 지지적이고 긍정적인 환경이라면 충성스럽고 협조적인 팀의 성원이 된다.
- 자신이 잘 하는 일은 당연한 것으로 여기고, 자신을 과소평가하는 겸손한 경향이 있다.
- 때로는 너무 민감해지고 감정이 쉽게 상한다.
- 재능이 많고, 이들을 필요로 하는 자리를 찾기만 하면 크게 기여할 수 있다.
- 실질적인 대가(代價)보다 인간을 이해하고, 사람들이 기뻐하는 것이나 건강 등에 공헌하는 일에 관심이 많다.
- 신념을 가지고 일을 할 때, 헌신과 적응력을 가지고 완벽에 가깝게 처리하는 경향이 있다.
- 내·외적 오감을 통해서 알게 되는 현실에 주된 관심이 있으며, 흔히 기능직에 탁월하며 언어보다 손으로 많은 것을 표현하는데 능숙하다.

강점
- 타인이 하고자 하는 말이나 행동을 정확히 알고 있으며, 그것을 적절한 순간에 표현한다.
- 실제적으로 참여하는 것을 선호한다. 특히 전문가로서 돕는 것을 좋아한다.
- 변화를 환영하며 새로운 환경에 잘 적응한다.
- 그들이 자신의 일을 중요하다고 믿을 때 열심히 일한다.
- 조직의 충성스러운 성원이며 감독자의 명령을 잘 받아들인다.

개발할 점
- 직업탐색에 있어서 잠재적 결점은 색다른 직업에 대한 기회나 선택을 간과하고 장기적인 결론에 의해 직업을 결정하는 것을 꺼려하는 경향이 있을 수 있다.
- 타인을 지나치게 신뢰하고 남을 비판하지 못하는 반면, 쉽게 마음이 상해서 물러나 버리는 경향이 있다.
- 보다 독단적으로 다른 사람에게 지시하는 것과 객관적인 분석력을 육성할 필요가 있다.
- 사람과 관련된 일을 할 때 자신과 다른 사람의 감정에 지나치게 민감하고 예민할 수 있으며, 분리하지 못할 정도로 감정이입을 할 수 있으므로 결정력과 추진력이 필요함을 인식할 필요가 있다.

ESTP - 가장 효과적인 경로를 선호하는 행동지향적이고 실용적이며, 임기응변적이고 현실적이다.

성격유형적 특성
- 관대하고 느긋하며, 타인이나 사건에 대해 별로 선입관을 갖지 않으며 개방적이다.
- 갈등이나 긴장 상황을 잘 무마시키는 능력이 있다.
- 꼭 이렇게 되고 저렇게 되어야 한다는 규범을 적용하기보다 그 상황에 적응하려고 하고, 누구나 만족하는 해결책을 모색하고 타협하고자 한다.
- 현재 상황과 현재 존재하는 것 등 현실적인 것을 수용하는 것에 초점을 두기 때문에 일을 있는 그대로 바라보고 받아들이는 뛰어난 문제해결사가 될 수 있다.
- 선례나 관례를 따르거나 일반적으로 선호하는 방법을 따르는 것에 얽매이지 않는다.

만족하는 일이나 작업환경
- 다양한 사람이나 상황과 접할 수 있는 기회가 많이 주어질 때
- 자신이 가지고 있는 쓸모 있고 구체적이며 사실적인 정보를 사용할 필요가 있을 때
- 자신의 경험과 논리적 분석능력을 바탕으로 가장 효과적인 해결책을 찾아냈을 때
- 너무 많은 제한사항이나 제약조건이 없는 상황에서 일할 때
- 순발력과 재치를 필요로 하는 협상을 진행하고 있을 때
- 자신의 과업을 완수한 후 휴가가 보장되어 있을 때
- 현실감각이 뚜렷한 사람들과 함께 일하거나 실속 있는 산출물을 이끌어 내는 일을 하고 있을 때

진로 및 업무 스타일
- 친구, 운동, 음식, 다양한 활동 등 오감으로 생활의 모든 것을 즐기는 유형이다.
- 그 상황, 그 순간에 무엇이 필요한지 감지하며 많은 사실들을 쉽게 기억한다.
- 예술적인 멋과 판단력을 지니고 있으며, 연장이나 재료들을 다루는데 능숙하다.
- 개인의 느낌이나 주관적 가치에 따라 결정을 내리기보다 논리적, 분석적으로 일을 처리한다.
- 읽고 쓰는 것을 통해 배우기보다 직접적인 경험을 통해 배우는 것을 선호하는 유형이다.
- 추상적인 아이디어나 개념에 대해 흥미가 없다.
- 현실성, 행동과 적응력이 요구되는 직업에 적합하다.

강점
- 솔직하고 직접적이며, 논리적으로 문제를 해결한다.
- 타인에게 순간의 즐거움을 상기시켜 주는 본보기가 된다.
- 많은 다양한 종류의 사람들과 적응을 잘한다.
- 자원이 풍부하고, 융통성이 있으며 시간을 벌기 위해 빨리 행동한다.
- 주로 판매와 협상하는 것을 즐긴다.
- 사업을 시작하는데 능하다. 타고난 촉진자

개발할 점
- 직업탐색에 있어 잠재적 결점은 장기적인 직업 계획보다는 즉각적인 현 상태에만 초점을 두는 경향이 있어서 색다른 직업의 기회나 직업 경로를 고려하는데 실패할 수 있으며, 끝까지 완수하는 면과 진지함과 신뢰감을 전달하는데 실패하는 경향성이 있다.
- 즉흥적 행동에 지나치게 의존하는 경향이 있으며, 사전 계획 없이 일을 벌이는 경향이 있으므로 마무리 하려는 노력이 필요하다.
- 신속한 대응 이면의 일을 살피고 사전에 계획하고 보다 광범한 결과를 살필 필요가 있다.
- 끈기와 인내 그리고 의지를 더 키울 필요가 있다.
- 물질의 즐거움에 집착하기 쉬우므로 그 즐거움의 이면을 볼 수 있어야 한다.

ESFP - 친근하고 사교성이 풍부하며 즐거움을 추구하고 천성적으로 인간지향적인 사람이다.

4

성격유형적 특성
- 친절하고 수용적이며 현실적이고 실제적이다.
- 선입견이 별로 없고 개방적이고 관용적이며 어떤 상황에도 잘 적응하고 타협적이다.
- 새로운 사건이나 물건에 관심과 호기심이 많고, 타인의 일이나 활동에도 관심이 많으며, 기꺼이 그 일에 함께 하고자 한다.
- 이론이나 책을 통해 배우기보다 실생활을 통해 배우는 것을 선호한다.
- 추상적인 관념이나 이론보다는 구체적 사실들을 잘 기억하는 편이다.
- 논리적 분석보다는 인간 중심의 가치에 따라 어떤 결정을 내린다.
- 사람들을 접하는 일에 능숙하며, 사람이나 사물을 다루는 사실적인 상식이 풍부하다.

만족하는 일이나 작업환경
- 자신의 실질적 경험을 통하여 배움을 얻을 수 있을 때
- 다양하고 재미있고 자발성을 지니며 활동적이고 사교적인 기술이 요구되는 환경에서 다양한 사람들과 일할 때
- 자신의 열정과 에너지와 현실적인 관점을 나눌 수 있는 느긋하고 사교적인 사람과 상호작용하며 일할 수 있을 때
- 좋은 의도를 가지고 열심히 일한 것에 대하여 타인이 공로를 인정하고 감사하다고 느낄 때
- 자선, 기부 등의 방법보다 직접적인 행동을 통하여 다른 사람들을 도와줄 수 있을 때
- 갈등 상황을 유머와 재치로 슬기롭게 발전시킬 필요가 있을 때
- 자신의 능력으로 긴장을 완화시켜 협조적인 분위기를 조성할 수 있을 때
- 자신이 하고 있는 프로젝트가 사람들이 지금 당장 필요로 하는 것일 때
- 권모술수와 같은 것이 개입되지 않고 우호적이고 편안한 상태에서 일할 수 있을 때
- 제약을 별로 받지 않을 수 있고, 종종 재미있고 놀라운 일들이 자기 주변에서 벌어질 때

진로 및 업무 스타일
- 상식과 실제적 능력을 필요로 하는 분야의 일을 선호하는 경향이 있다.
- 때로는 타인에게 조금 수다스럽고 깊이가 결여되어 보일 수도 있으며, 즐기는 것 자체를 좋아해서 필요한 일을 추진하지 못하거나 마감 일을 놓치기 쉽다.
- 조직이나 공동체에서 밝고 재미있는 분위기 조성을 잘한다.

강점
- 다른 사람에게 관대하고, 자신이 속한 어떤 작업환경도 향상시킨다.
- 억압 속에서도 친절을 베풀고, 재미를 추구하며, 생생하고 즐거운 분위기를 창조해낸다.
- 상식이 매우 풍부하며 실제적이고 현실적이다.
- 활동적인 직업을 즐긴다. 변화와 다양성에 잘 적응한다.
- 훌륭한 의사소통가이다.

개발할 점
- 행동에 대한 의미를 예견하거나 미리 계획하지 않을 수 있다.
- 충동적으로 보일 수 있으며 쉽게 유혹받고 주의가 산만해진다.
- 잠깐 동안이라도 혼자 일하는데 어려움을 가질 수 있다.
- 담겨있는 의미를 보는데 어려움이 있다.
- 논리적이고 분석적인 판단기능을 육성할 필요가 있다.
- 일과 레크레이션을 잘 조정하여 균형을 맞출 필요가 있다.
- 시간관리에 노력할 필요가 있으며, 일을 시작하기 전에 전체적인 계획을 세울 필요가 있다.

ESTJ - 논리적·분석적·결정적이며, 의지가 강하고 미리 사실과 업무를 조직화할 수 있다.

성격유형적 특성
- 일을 조직하여 프로젝트를 계획하고 추진하는 능력이 있다.
- 사업이나 조직을 현실적, 사실적, 체계적, 논리적으로 이끌어 나가는데 타고난 재능을 지녔다.
- 분명한 규칙을 중요하게 여기고, 규칙을 준하며 일을 추진하고 완수한다.
- 어떤 계획이나 결정을 내릴 때 확고한 사실에 바탕을 두고 이행한다.

만족하는 일이나 작업환경
- 체계적·조직적·능률적인 사람들과 함께 체계적·조직적·능률적으로 일할 수 있을 때
- 공정하고, 논리적이며, 분명하고 객관적인 기준에 의해 분명하게 일처리할 수 있을 때
- 개인적인 문제나 감정을 일에 끌어들이지 않고 양심적으로 열심히 일하는 사람과 함께 할 때
- 논리적으로 명백한 결론을 도출하는데 자신에게 주어진 시간과 조건을 효과적으로 사용할 때
- 자신의 과업에 대한 평가가 공정하고 논리적이며 일관성 있는 기준에 의해 평가받을 때
- 현실적으로 수용할 수 있는 가시화된 구체적인 결론이 도출될 때
- 제한된 시간 내에 명백하게 일의 결론에 도달할 수 있다는 예상을 할 수 있을 때
- 마감시간이 분명하게 설정된 상황에서 자신의 자원을 능률적으로 사용하여 일할 때
- 자신에게 분명한 책임이 주어지고 주어진 상황을 잘 통솔하고 지휘 감독하고 있을 때

진로 및 업무 스타일
- 타고난 관리자로서 일의 목표를 설정하고 지시하며, 결정권을 행사하는 역할을 즐긴다.
- 비합리적이거나 일관성이 결여된 상황을 쉽게 파악하는 능력이 있다.
- 행정가로서의 능력을 효율적으로 발휘할 수 있다.
- 업무에 대한 결과가 즉각적이고, 가시적이며, 실제적인 일을 좋아한다.
- 자신이 목표를 세우고, 결정하며 필요한 명령을 내릴 수 있는 집행 분야를 좋아한다.
- 일을 잘 처리해 나간다.

강점
- 일을 가속화시키고 그것을 실행하기 위해서 사람, 사물, 조직을 동원한다.
- 매우 실질적이고, 결과 중심적이다.
- 타고난 조직자로 객관적인 결정을 잘한다.
- 조직의 목표에 초점을 잘 맞춘다.
- 몰입하여 일을 하며 인내력이 강하다.
- 무엇이 비논리적이고 일관성이 없으며 실제적이지 못하고 비효율적인지를 잘 안다.

개발할 점
- 지나치게 일 중심으로 나갈 수 있다.
- 절차를 따르는 것을 싫어하거나 중요한 세부사항에 주의를 기울이지 않는 사람들을 참지 못한다.
- 인간 중심의 가치를 갖고 다른 사람의 관점과 감정을 고려하며, 다른 사람의 말을 경청하는 노력이 필요하다.
- 비효율적인 것에 대해 참을성이 적다.
- 현 순간에 존재하지 않는 가능성에 대해서 관심이 적을 수 있다.
- 반대의 의견에 귀 기울이지 않을 수 있다. 무뚝뚝하며 무례하게 보일 수 있다.
- 변화와 새로운 시도, 추상적 이론 등을 고려하려는 노력이 필요하다.

ESFJ - 도움을 주고자 하고, 질서정연하며, 인간 상호작용의 조화에 높은 가치를 두는 경향이 있다.

성격유형적 특성
- 동정심과 동료애가 많으며, 친절하고 재치가 있으며, 참을성이 많고 양심적이며, 정리정돈을 잘 한다.
- 기쁨과 만족의 대부분은 주위 사람들의 온정에 기인한다.
- 계획을 세우고 결정할 때, 잘 알려진 사실이나 이들의 개인적인 가치관에 바탕을 둔다.
- '해야 될 일'과 '해서는 안 될 일'이라는 기준을 자기 안에 명확하게 갖고 있으며 이것을 자유롭게 표현한다.
- 비판과 객관성 없이 다른 사람들의 의견에 동의하고 집착하는 경향이 있다.

만족하는 일이나 작업환경
- 공동의 목표를 향해 실제적이고 눈에 보이는 방법으로 다른 사람들과의 갈등과 긴장감 없이 따뜻하고 진지한 상호관계를 형성하고 유지하는 일
- 사람들에게 구체적으로 도움을 줄 수 있는 방법을 알고 있으며, 자신의 공헌에 대한 평가나 보상이 분명하게 예측될 수 있을 때
- 자신의 과업이나 프로젝트가 구체적이고 효율적인 절차에 의해 순조롭게 진행될 수 있을 때
- 의사결정을 위해서 전반적인 상황을 고려해 볼 수 있는 충분한 시간과 기회가 주어질 때
- 과거에 이미 경험하고 이해한 것을 바탕으로 현재에 필요한 산출물을 만들어 낼 때

진로 및 업무 스타일
- 타인에게 관심을 쏟고 인화를 도모하는 일을 중요하게 여기며, 다른 사람을 잘 돕는다.
- 특히 따뜻함과 동정심을 필요로 하는 사람을 돌보는 분야에서 능력을 발휘한다.
- 사람을 다루고 행동을 요구하는 분야에서 능력을 발휘한다.
- 끈기가 있고 성실하여 작은 일에도 순서를 따르고, 다른 사람들도 자기와 같을 것이라고 기대하는 경향이 있다.
- 다른 사람의 지지를 받으면 일에 열중하고, 다른 사람의 무관심한 태도에 민감하다.

강점
- 다른 사람들의 의견이 갖고 있는 가치를 발견하는데 재능이 있다.
- 일관성 있고, 온정적이며, 개개인의 욕구나 소망에 주의 깊은 반응을 한다.
- 자기 자신과 타인을 위해 온정과 실질적인 인정, 그리고 조화로운 관계를 창조해낸다.
- 사람과 조직에 헌신하고 충성을 다하는 협력자로, 생산적이고 양심적이며 충성스럽게 열심히 일한다.

개발할 점
- 어떤 상황을 완전히 이해하기 전이나 다른 사람들의 선택을 고려하기 전에, 너무 빨리 결론을 내리는 위험성을 내포하고 있다.
- 관심 있는 사람 또는 일과 관련해서 갈등 상황이 발생할 경우 그 사실에 직면하지 못하고 문제점을 무시하거나 회피하는 등 냉철한 입장을 취하는 것을 어려워한다.
- 긴장이 가득한 작업 상황이나 인정받지 못하는 상황에 스트레스를 받고 비판에 민감하다.
- 일을 하는데 새로운 방법을 찾지 않는다. 독단적일 수 있고 완고할 수 있다.
- 타인에게 정말 필요한 것과 무엇을 원하는지 진지하게 들을 필요가 있다.
- 속단하는 경향이 있으며, '이렇게 또는 저렇게 되어야 한다.'는 마음의 규율이 많다.
- 반대 의견에 부딪혔을 때나 자신의 요구가 거절당했을 때, 지나치게 개인적으로 받아들여 마음의 상처를 쉽게 입는 경향이 있으므로 객관성을 키울 필요가 있다.

INFJ - 자신의 비전을 신뢰하고 조용히 영향력을 행사하며 깊은 동정심과 통찰력을 가지고 있고 화합을 추구한다.

성격유형적 특성
- 강한 직관력의 소유자로 뛰어난 영감을 가지고 있으며, 창의력과 통찰력이 뛰어나다.
- 독창적이고 독립심이 강하며, 확고한 신념과 뚜렷한 원리원칙을 생활 속에 가지고 있다.
- 어떤 일이 갖는 의미가 중요하고, 대인관계를 형성할 때는 진실한 관계를 맺고자 한다.
- 말없이 타인에게 영향력을 미친다.
- 공동의 이익을 가져오는 일에 심혈을 기울이고 인화와 동료애를 중요시하기 때문에 주변 사람들에게 존경받고 사람들이 따른다.

만족하는 일이나 작업환경
- 새로운 아이디어를 제시하여 그 해결책이 다른 사람들의 성장과 발달에 기여하게 될 때
- 신중하게 고려한 자신의 아이디어가 다른 사람으로부터 심리적인 지지를 받을 때
- 우호적이며 대인 간의 갈등이 없는 환경 속에서 독립적으로 일을 할 수 있을 때
- 과중한 과업이라도 자신에게 주어진 시간과 작업환경을 능률적으로 사용하여 자신의 능력을 발휘할 수 있을 때
- 문제해결을 위한 다양한 해결책을 제시할 수 있을 때
- 자기가 가지고 있는 비전의 내용이나 결과를 생산·서비스를 하고 있을 때
- 자신의 가치나 신념을 함께 할 전문가와 함께 일할 수 있을 때

진로 및 업무 스타일
- 사람의 가치를 중요하게 여기고 직관력을 사용할 수 있는 분야에서 능력을 발휘한다.
- 이미 확립된 권위나 수용되는 신념들이 있다고 하더라도, 진실한 관계와 일의 의미를 추구하는데 그들의 직관적 통찰력을 발휘한다.
- 그들이 부딪치는 어려운 문제들은 오히려 그들을 자극하고, 불가능해 보이는 일도 시간이 좀 지나면서 곧 해결해 나가는 모습을 볼 수 있다.

강점
- 통찰과 상상이 때때로 비상한 경지에 이르며, 특히 사람과 관련된 것에 관하여 그러하다.
- 문제에 대한 대안적이며 창조적인 접근을 생각해내는 것을 잘한다.
- 복잡한 개념을 이해할 수 있다.
- 다른 사람들 간의 조화를 촉진시킨다.
- 다른 사람이 발전하는 것을 돕는 일을 좋아한다.

개발할 점
- 융통성이 없고 외곬일 수 있으며, 오직 한 곳에 몰두하는 경향 때문에 목적 달성에 필요한 주변 조건들을 경시하기 쉽고, 난관에 부딪칠 수 있다.
- 남에게 강요하지 못하고 비판에 정면으로 부딪치지 못하며, 지나칠 정도로 자신이 혼자 감당하려고 한다.
- 내면의 갈등이 많고 복잡하다. 현실을 있는 그대로 수용하고, 현재를 즐기려는 노력이 필요하다. 또한 사실적이고 구체적인 것을 보는 습관과 현실감각을 키우는 것이 필요하다.
- 아이디어의 생존가능성에 대해 비실제적일 수 있다.
- 현재 상황에서 무엇을 완수할 수 있는가에 대해 여유를 갖고 보다 개방적인 자세를 가질 필요가 있다.

INTJ - 독립적, 개인주의적이며, 순수하고 결심이 굳은 사람으로, 팽배한 회의주의에 무관하게 자신의
가능성에 대한 비전을 확신한다.

성격유형적 특성
- 행동과 사고에 있어 독창적이다.
- 내적인 신념과 비전은 산이라도 움직일 만큼 강하다.
- 독립적이고 단호하며, 때로는 어떤 문제에 대해 고집이 세다.
- 자신이 가진 영감과 목적을 실현시키려는 의지와 결단력, 인내심을 가지고 있다.
- 자신과 타인의 능력을 중요하게 여기며, 목적을 달성하기 위해 모든 시간과 노력을 한다.

만족하는 일이나 작업환경
- 현재의 문제를 해결할 수 있는 독창적이고 혁신적인 해결방안을 마음껏 제시할 수 있을 때
- 기발한 아이디어를 제공하고 이에 대해 자신에게 적절한 보상이 따라줄 때
- 자신의 기대치에 충족되는 지식과 성실함, 그리고 전문성을 갖춘 사람과 함께 일하게 될 때
- 소수의 지적인 사람들과 가끔씩 상호작용하며 독립적으로 일할 수 있는 환경
- 사실적이고 세부사항에 집중된 과업을 반복적으로 수행하라고 요구하지 않는 일
- 자신이 최신의 지식과 정보 및 방법을 꾸준히 제공하는 사람으로 인정받을 때
- 새로운 지식이나 아이디어를 필요로 하지 않는 세부적인 일처리에 대한 요구를 많이 받지 않을 때
- 자신의 공헌에 대한 평가가 인간관계에 치우침이 없이 공정한 기준에 의해 평가받을 수 있을 때

진로 및 업무 스타일
- 직관력과 통찰력이 활용되는 분야에서 능력을 발휘한다.
- 대담한 직관력을 가졌으며, 일상이 반복되는 직종에서는 이 능력을 발휘하지 못한다.
- 복잡한 문제를 다루는 것을 좋아하며, 관심 있는 일이면 조직력을 발휘하여 추진시키는 능력이 있다.

강점
- 전체적인 관점에서 각 부분들의 관계를 본다.
- 창조적이며 지적인 도전을 즐긴다.
- 이론적이며 기술적인 분석과 논리적인 문제해결을 잘한다.
- 혼자서 일을 잘하며 반대 입장에서 조차도 결정을 잘 내린다.

개발할 점
- 융통성이 없고 목적을 향해 외곬으로 치닫는 경향이 있어, 타인의 관점을 경시하는 것이 문제될 수 있다. 타인의 감정을 고려하며 타인의
  관점에 귀 기울이는 노력이 필요하다.
- 때로는 자신과 다른 사람의 감정이나 가치관을 소홀하게 여기기 때문에 반대 입장에 선 사람들에게 예기치 않았던 힐책을 당할 수 있다.
- 명철한 분석력 때문에 일과 사람을 있는 그대로 수용하고 음미하는 것이 어렵다. 그러므로 현실을 있는 그대로 보고, 구체적이고 사실적
  인 면을 보려는 노력이 필요하다.
- 창조적인 문제해결이 이루어진 후에는 프로젝트에 관심을 덜 가진다.
- 그들이 그들 자신을 움직이는 것만큼 다른 사람을 움직이는 것이 어렵다. 지나치게 확신하고 조금도 양보하지 않으며, 남들이 접근하거
  나 도전하는 것을 두려워할 수 있다.
- 자신들보다 덜 경쟁적이라고 여겨지는 사람들과 일하는데 어려움이 있다.

INFP - 자신의 업무가 문제해결에 공헌되기를 원하는 이상주의적이고 개방적이고 통찰력이 있고 융통성이 있다.

성격유형적 특성
- 마음이 따뜻하나 상대방을 잘 알게 될 때까지 그 마음을 잘 표현하지 않는다.
- 조용하고 자신과 관련된 사람이나 일에 대해 책임감이 강하며 성실하다.
- 자신이 지향하는 이상에 대해서는 정열적인 신념을 지니고 있다.
- 이해심이 많고 적응력이 좋으며, 대체로 관대하고 개방적이다.

만족하는 일이나 작업환경
- 자신의 내면적 가치와 신념, 비전을 자신의 일을 통해 표현할 수 있을 때
- 규칙과 규율이 적은 융통성 있는 환경에서 일할 수 있을 때
- 타인과의 경쟁과 충돌로부터 자유로운 협동적인 분위기 속에서 창조적이고 남을 배려할 수 있는 사람들과 함께 일할 수 있는 환경
- 나의 독창성을 표현하고 개인적인 성장이 격려 받고 보상받는 일
- 다른 사람들의 성장발달에 깊이 있게 동참할 수 있도록 허용 받을 때
- 자신의 아이디어를 깊이 있게 완성할 수 있도록 시간적 허용이 이루어질 때
- 자율적으로 자신의 독립된 작업공간에서 시간적 제약을 적게 받고 일할 수 있을 때
- 다른 사람들의 성장에 도움이 될 수 있는 진실된 생각을 편안하게 표현할 수 있을 때
- 자신이 만족할 만큼 성취해 놓지 못한 일을 타인 앞에서 설명하라는 요구를 받지 않을 때

진로 및 업무 스타일
- 어떤 일에 깊은 관심을 가질 때 완벽주의로 나가는 경향이 있다.
- 노동의 대가를 넘어서 자신이 하는 일에 의미를 찾고자 하는 경향이 있으며, 인간을 이해하고 인간 복지에 기여할 수 있는 일을 하기 원한다.
- 새로운 아이디어에 대한 호기심이 많고 통찰력과 긴 안목으로 앞을 내다본다.
- 책과 언어에 관심을 갖고 있고, 표현에 있어서 뛰어난 능력을 가지는 경향이 있다.

강점
- 인간에 대한 열망과 목표에 대하여 창조적인 방식으로 타인을 일깨운다.
- 그들을 지지하는 방향으로 일하는 것을 선호하며, 타인과 조직을 활기차게 만든다.
- 그들이 존경하는 다른 사람들과 의미 있고 지지적인 상호작용을 빈번히 하기도 하며 혼자서도 일을 잘한다.
- 의무나 규칙에 충성스럽다.
- 강한 반대에 부딪쳐도 자신의 가치를 강하게 고수한다.

개발할 점
- 다수를 만족시키려는 경향과 이런 자신의 신념에 지나치게 완벽주의로 나아가는 경향이 있다.
- 다양한 관심으로 여러 가지 일을 벌이지만 마무리가 잘 안될 수 있다.
- 사실과 자신의 개인적 아이디어를 논리적으로 분석할 필요가 있다.
- 프로젝트를 계획할 때 비현실적일 수 있다.
- 그들의 프로젝트를 조절하기를 원하며 통제를 상실하면 흥미를 잃을 수 있다.
- 일이 그들이 믿는 목적을 향하여 방향 지어지지 않는다면 실망할 수 있다.
- 그들의 아이디어를 변화하는 것이 필요할 때 융통적이지 않을 수 있다.

INTP - 이성적이고 호기심 많고 이론적이고 추상적이며, 상황이나 인간보다도 아이디어를 조직화하는 것을 선호한다.

성격유형적 특성
- 조용하고 과묵하나 관심 있는 분야에 대해서는 말을 잘한다.
- 사람이 중심이 되는 가치보다는 아이디어에 관심이 많다.
- 매우 분석적이고 논리적이며 객관적인 비평을 잘한다.
- 일의 원리와 인과관계에 관심이 많으며, 실체보다는 실체가 안고 있는 가능성에 관심이 많다.
- 교제 범위는 아이디어에 대해 토론하고 나눌 수 있는 소수의 가까운 사람들이다.

만족하는 일이나 작업환경
- 새로운 아이디어를 개발하거나 분석 또는 비평해야 할 필요가 있을 때
- 반드시 산출물이 없더라도 이론적이고 논리적이며 창의성을 필요로 하는 일에 열정을 쏟을 때
- 해결하기 어려운 논리적으로 복잡한 문제에 도전하여 최선의 해결책을 제시하게 될 때
- 적막한 고요함 속에 홀로 자기 내면의 사고의 흐름을 따라 집중적으로 일하고 있을 때
- 자신의 과업에 대한 평가나 보상이 자기가 정한 높은 기준에 도달할 수 있을 때
- 규정이나 제한된 제약이 없이 과업을 수행할 수 있는 환경일 때
- 자신의 적성이나 능력을 지속적으로 향상시킬 수 있는 조건하에서 일할 때
- 독창적인 아이디어를 개발하거나 계획을 수립할 필요가 있을 때
- 재주가 많고 영특한 참모로 일할 수 있는 기회가 주어질 때
- 다른 사람들을 통솔하고 감독하고 관리할 필요가 없는 일을 할 때

진로 및 업무 스타일
- 뚜렷한 흥미 선호도로, 이들의 지적 호기심을 활용할 수 있는 분야에서 능력을 발휘한다.
- 어떤 문제에 대해 새로운 해결책을 시도하는 데 관심이 많지만, 그 해결책을 실제로 적용하는 것에는 관심이 없다.
- 주된 관심은 현재 명확하고 이미 알려진 것을 넘어선 가능성을 보는 것에 있다.

강점
- 위대한 통찰력으로 문제를 분석할 수 있는 전략가이다.
- 새로운 생각과 체제 그리고 비판해서는 안 될 사람에 대해서도 남의 영향을 받지 않고 비판하는 논리적인 분석가이다.
- 창조적인 아이디어나 체계의 건축가이다.
- 새로운 기술이나 지식을 배우고 습득할 기회를 가질 상황을 즐긴다.
- 장기적인 사고에 집중을 잘하며, 혼자서 일을 잘 할 수 있다.

개발할 점
- 때로는 어떤 아이디어에 몰입하여 주위에서 돌아가고 있는 일을 모를 때가 있다.
- 아이디어를 적용하는 것이 현실적이지 못할 수 있다. 지나치게 추상적이므로 비현실적이고, 너무 이론적일 수 있다.
- 아이디어가 너무 복잡하고, 지나치게 비판적이고 분석적인 사고를 대인관계에 적용하여 다른 사람들이 이해하기 어려울 수 있다.
- 관심이 쉽게 사라질 수 있으며 끝까지 전념하지 않을 수 있다.
- 반복이나 세부사항에 대해 참을성이 적다.
- 타인의 감정, 욕구에 무감각할 수 있다. 타인의 관점을 고려할 필요가 있다.

ENFP - 의욕적이고 통찰력 있고 혁신적이고 다재다능하며 새로운 가능성을 추구하는 경향이 있다.

성격유형적 특성

- 열성적이고 창의적이며, 풍부한 상상력과 영감을 갖고 새로운 프로젝트를 잘 시작한다.
- 관심이 있는 일이면 무엇이든 척척해내는 열성파이다.
- 뛰어난 통찰력으로 그 사람 안에 있는 성장 가능성을 들여다 볼 줄 안다.
- 자신의 열정으로 다른 사람들도 흥미를 느끼도록 하며 다른 사람을 잘 돕는다.
- 어려움을 당할 때 더욱 자극 받고, 어려움을 해결하는데 아주 독창적이다.

만족하는 일이나 작업환경

- 창의적 영감을 바탕으로 다양한 사람들과 다양한 프로젝트를 할 때
- 재미있고 도전할 수 있으며 늘 변화무쌍한 일
- 규칙이나 체계가 최소화되고 자발적으로 행동할 수 있는 자유를 지니며 나의 속도와 계획에 따라 일할 수 있는 환경
- 유머 있고 친절하며 대인 간의 갈등이 적은 편안한 환경
- 새로운 서비스 또는 새로운 상품 개발을 위한 아이디어를 제출하라고 할 때
- 자신의 노력 덕분에 다른 사람들에게 유익한 면을 제공해 줄 수 있을 때
- 자신의 열정이나 재능 또는 상상력에 대하여 사람들이 칭찬해주고 감사함을 전할 때

진로 및 업무 스타일

- 새로운 가능성을 추구하고 창의적이고 즉흥적으로 일을 시작한다.
- 일할 때 풍부한 상상력과 순간적인 에너지를 발휘하여 즉흥적이고 재빠르게 해결해 나간다.
- 다른 것에는 신경 쓸 시간이 없을 정도로 새로운 프로젝트에 매우 많은 관심을 갖는다.
- 연속적으로 새로운 열정을 쏟아내는 것 자체에서 힘을 얻고, 이들의 세계는 많은 가능성으로 가득 차 있다.
- 한 가지 일을 다 끝내기도 전에 몇 가지 다른 일을 벌리는 경향을 가지고 있다.

강점

- 인간의 성장과 잠재력에 관한 모든 종류의 아이디어의 창시자이며 촉진자다.
- 혁신적 사고가 훌륭한 문제해결사다.
- 새로운 아이디어를 추구하는데 지칠 줄 모른다.
- 다른 사람의 관심과 능력과 그들의 재능을 결합시킬 수 있다.
- 그들에게 흥미 있는 것은 뜻밖의 해결책을 찾아내어서 거의 불가능한 일도 달성한다.
- 적합한 지위/임무에 적합한 사람을 배치하는 것을 잘한다.
- 영향력이 있는 강한 열정과 열성으로 다른 사람에게 동기부여를 한다.

개발할 점

- 반복되는 일상적인 일을 지루해하고 견디지 못하는 경향이 있다.
- 지나치게 확장하고 너무 많은 일을 벌이는 경향이 있다.
- 어떤 프로젝트의 세부사항을 끝마무리하는데 어려움이 있다.
- 영감과 통찰력, 창의력이 요구되지 않는 일상적이고 세부적인 일은 흥미를 끌거나 열정을 불러일으키지 못한다. 중요한 세부 사항에 주의를 기울일 필요가 있다.
- 우선순위를 결정하지 못하거나 조직하지 못할 수 있다. 관심이 가는 모든 것을 시도하기보다는 일의 우선순위를 두고 어떤 것에 집중할지 선별하는데 노력을 기울일 필요가 있다.

ENTP - 혁신적이며 개인주의적이고 다재다능하고 분석적이며, 기업가적 아이디어에 매력을 느낀다.

성격유형적 특성
- 창의력이 풍부하고, 독창적인 혁신가로, 항상 새로운 가능성을 찾고 새로운 시도를 한다.
- 넓은 안목을 가지고 있으며, 다방면에 재능이 많다.
- 민첩하고 여러 가지 일에 재능을 발휘하며 자신감이 높다.
- 사람들의 동향에 대해 기민하고 박식하다.
- 다른 사람을 판단하기보다 이해하려고 노력한다.

만족하는 일이나 작업환경
- 자신의 창의력, 자질, 임기응변 능력을 인정하고 격려하는 일
- 다양한 신체 활동과 재미, 흥미로 가득 찬 다양한 상황을 경험할 수 있는 일
- 나의 전문가적이며 개인적인 능력을 증진시키고 능력 있는 사람들과 경쟁이나 상호작용을 통하여 자신의 전문성이 신장될 수 있을 때
- 신속하게 변화하며, 다른 사람과 의미 있는 상호작용을 하는 열성적인 환경
- 자신의 혁신적이고 기발한 해결책을 이용하여 문제를 해결할 기회를 얻었을 때
- 개개인의 정서적인 관계에 구애 없이 논리적이고 공정한 규칙 하에서 활동하게 될 때
- 자신의 기대치에 충족되는 다양한 종류의 사람들과 지속적으로 상호작용을 할 수 있을 때
- 시간적·공간적으로 편안하고 자유분방한 상황에서 일할 수 있는 조건이 주어질 때
- 세밀한 작업을 필요로 하지 않는 프로젝트를 기획하고 출발시킬 수 있을 때

진로 및 업무 스타일
- 풍부한 상상력을 가지고 있고, 새로운 관심사로 눈을 돌리고 잇따른 새 프로젝트를 시작하는 것을 통해 끊임없이 에너지를 충전 받는다.
- 복잡한 문제 해결에 뛰어난 재능을 가졌으며, 지칠 줄 모르는 에너지를 소유하고 있다.
- 관심 있는 분야는 무슨 일이든지 해내는 능력을 가지고 있다.
- 때로는 경쟁적이며 현실보다는 이론에 더 밝은 편이다.

강점
- 문제를 해결하는데 임기응변 능력과 독창성을 이용한다.
- 새로운 프로젝트, 업무 등에 에너지와 추진력을 제공하고, 열성적으로 일을 시작한다.
- 심지어 재난을 당했을 때조차도 가능성을 본다.
- 남을 즐겁게 하며 영감을 주는 연설가일 수 있다.
- 고안을 잘하며 비개인적 분석을 잘한다.

개발할 점
- 새롭게 도전하지 않는 분야의 일이나 창조적인 문제가 해결되면 관심을 잃을 수 있다.
- 세부사항과 끝마무리하는 일에 전념하는 것이 어려울 수 있다. 일상적이고 세부적인 일은 경시하고 태만하기 쉽다.
- 일상적인 일이나 반복을 싫어하고, 일상 규범이나 표준 절차를 경시하는 경향이 있다.
- 종종 다른 사람을 방해한다. 그들의 능력이 과신되거나 잘못 받아들일 수 있다.
- 새로운 아이디어와 비전에 몰입하여 현재의 중요성을 잊기 쉽다.
- 과도하게 확장시키는 경향을 감안하여, 현실적 우선순위를 고려하여 일정 계획을 세울 필요가 있다.

ENFJ - 인간상호관계에 능숙하고 이해심이 있으며 관대하고 남을 인식하고 커뮤니케이션을 촉진시키는 경향이 있다.

성격유형적 특성
- 동정심과 동료애가 많다.
- 친절하고 재치 있으며, 인화를 아주 중요하게 여긴다.
- 민첩하고 참을성이 많으며 성실하다.
- 다른 사람의 의견을 존중하고, 그 의견이 갖고 있는 가치를 볼 줄 안다.
- 공동의 선을 위해 상대방의 의견에 동의하고, 새로운 아이디어에 대한 호기심이 많다.
- 자신이 생각한 계획을 편안하고 능숙하게 제시하고, 조직을 이끌어 나가는 능력이 있다.

만족하는 일이나 작업환경
- 동료나 상사 등 주변사람들과 상호간에 따뜻하고 지지적인 대인관계를 형성하게 될 때
- 프로젝트나 일 처리를 위한 창의적인 해결책을 제시할 수 있을 때
- 자신의 기여를 인정받고 전문가적인 성장과 개발이 격려되는 환경
- 체계적으로 계획된 상황에서 다양한 활동을 활동적이고 활기차게 도전할 수 있는 환경
- 지속적인 긴장상태나 갈등상황으로부터의 자유로운 환경
- 다른 사람들을 위한 자신의 노력이 긍정적으로 작용하여 자신이나 타인의 성장 발달에 도움을 주고 있을 때
- 자신의 아이디어를 마음껏 제시할 수 있을 때
- 문제해결을 위한 새로운 접근방법을 사용할 수 있을 때

진로 및 업무 스타일
- 책과 이론에 관심이 많고 재능이 있다. 그것을 글로 쓰기보다는 말로 표현하는 것을 선호한다..
- 표현하는 것에 천부적인 자질을 가졌다고 볼 수 있을 만큼 의사소통에 능하다.
- 사교적이며 사람들을 좋아한다. 다른 사람에게 인정과 칭찬을 받으면 맡은 일에 열중하나 비판에 민감하다.
- 사람을 다루고 행동을 요구하는 분야의 일에서 능력을 발휘한다.

강점
- 보살피고, 협력하고, 조직 내에서 사람들의 성장을 촉진시킨다.
- 사람들이 듣기를 원하거나 들을 필요가 있는 말을 조리 있게 표현한다.
- 사람과 조직에 그들의 사명과 중요한 가치를 상기시켜 준다.
- 협동, 조화를 증진시킨다.
- 결정적이며 조직적이다.
- 훌륭한 연설가이며 집단의 결정을 리드한다.
- 타고난 지도자 스타일이다.

개발할 점
- 때로는 다른 사람의 좋은 점을 지나치게 이상화하고 맹목적인 충성을 보이기도 한다. 인간의 한계를 인정하고, 남을 이상화하거나 맹신하며 충성하는 경향을 조심할 필요가 있다.
- 때로는 성급하게 결론에 이르는 경향이 있어, 사람이나 상황이 안고 있는 세부적인 조건들을 미리 세밀하게 검토할 필요가 있다.
- 비판을 지나치게 개인적인 것으로 여기며, 필요 이상으로 민감하게 받아들이는 경향이 있다.
- 인간관계에 끌려 과업을 소홀히 다루기 쉽다.
- 사실에 대해 정확성을 간과하기 쉽다.

ENTJ - 논리적, 조직적, 체계적, 객관적이며 자신이 타당하다고 보는 견해에 대해 확고한 경향이 있다.

4

성격유형적 특성
- 논리적·분석적이고, 활동적이며 행정적인 일과 장기 계획을 선호한다.
- 사전에 준비를 철저하게 하고 조직적으로 계획하여 목적 달성을 위해 체계적으로 추진하는 경향이 많다.
- 비능률적이거나 확실하지 않은 상황에 대해서는 인내심이 별로 없으나, 필요한 경우에는 강하게 대처한다.
- 솔직하고 결정력과 통솔력이 있으며, 거시적인 안목으로 일을 밀고 나간다.
- 관념 자체에 집중하는 경향이 있으며, 관념 이면에 있는 사람에게는 별로 관심이 없다.

만족하는 일이나 작업환경
- 설정한 목표와 일정 계획에 맞추어 효율적으로 진행하고 조직의 운영체계를 이끌고 통제, 조직하고 완성하는 일
- 다양한 문제에 대한 창조적이고 논리적인 접근방법, 장기 전략 계획을 활용하는 일
- 분명하고 뚜렷한 지침서를 가지고 명백하게 제시된 과업을 다른 사람과 함께 효과적이고 조직적으로 수행해 낼 때
- 나의 지적 호기심에 도전하고 자극하며 때때로 복잡하고 어려운 문제를 다루는 일
- 자신이 강자라고 인식한 사람과 대결할 수 있는 기회가 생길 때
- 조직이 성장할 수 있도록 자신의 적성을 발휘할 기회가 생길 때
- 승부가 필요한 환경에서 자신이 승자가 되었을 때 그에 상응하는 적절한 보상이 따라줄 수 있을 때
- 논리적이고 체계적인 기준을 가지고 다른 사람들을 관리·감독할 수 있을 때

진로 및 업무 스타일
- 새로운 지식에 관심이 많으며, 복잡한 문제나 지적인 자극을 주는 새로운 아이디어에 호기심이 많다.
- 직관기능이 요구되지 않는 일은 거의 만족하지 못한다.
- 문제에 의해서 자극받고, 새로운 해결책을 발견하고 추진할 수 있는 분야의 일을 찾는다.

강점
- 다른 누구보다 자신이 잘 할 수 있다고 믿는다. 즉 미래목표 달성을 위해 총력을 다한다.
- 어떤 상황이나 문제에 관계하는 모든 요소들을 다 동원하여 체제라는 관점에서 생각한다.
- 결함을 찾아내어서 만일 그 결점을 제거한다면 무엇이 달성될 수 있는지에 초점을 둔다.
- 야심이 있고 열심히 일한다. 정직하고 솔직하다. 비전을 가진 지도자일 수 있다.
- 복잡하고 창조적인 훌륭한 문제해결사로, 논리적인 결정을 내릴 수 있다.
- 마음속에 단기·장기 목표를 가지고 있다.

개발할 점
- 때로는 현실적인 문제는 쉽게 지나쳐 버리고, 성급하게 일을 추진하는 경향이 있다. 현실 상황을 있는 그대로 보고 처리할 줄 아는 사람의 의견에 귀 기울이는 것이 필요하다.
- 자신과 다른 사람의 감정에 관심을 갖고, 자신의 느낌이나 감정을 인정하며 그것을 표현하는 것과 타인의 요구가 무엇인지 귀 기울일 필요가 있다.
- 전체에 흥미가 있기 때문에 중요한 사실과 세부적인 면의 중요성을 간과할 수 있다.
- 속단속결하고 참을성이 부족하여, 강압적으로 보이기 쉬운 면을 고려해야 한다.
- 일을 삶의 다른 부분에까지 옮겨 놓을 수 있다.
- 다른 사람의 투입과 공헌을 요구하거나 허용하지 않을 수 있다.

5

흥미·적성·가치관
탐색을 통한
자기탐색의
기초 만들기

"냉철한 자기이해와 경쟁력 확보가 전략" …
흥미와 적성을 반드시 고려하자!

엄청난 취업난의 경쟁에서 승자가 되기 위해서는 '뭔가 다른 특별한 무언가'가 있어야 한다. '뭔가 다른 특별한 무언가' 중에 하나가 아마 열정일 것이다. 헌데 그 열정은 저절로 나오는 것이 아니다. 내가 진심으로 하고 싶은 것, 내 모든 걸 걸고서라도 뛰어들어 하고 싶은 것, 내가 정말 잘해 볼 만한 것 등이 그 대상이 될 때 뿜어져 나오는 것이 아닐까?

그렇다면, 과연 우리는 내 자신이 진심으로 하고 싶은 것이 무엇인지, 내가 신나게 할 수 있는 것이 무엇인지, 내가 잘할 수 있는 것이 무엇인지를 얼마나 잘 알고 있는가?

이러한 나에 대한 이해가 밑바탕이 되어야만 내가 발휘할 수 있는 긍정요인이 무엇인지, 내가 앞으로 보완해야 할 요인이 무엇인지에 대한 철저한 분석과 계획 및 전략 또한 준비할 수 있는 경쟁력 있는 인재가 될 것이다.

NEWS BRIEFING

직장인 10명 중 6명 "업무 불만족"…이유는?

5

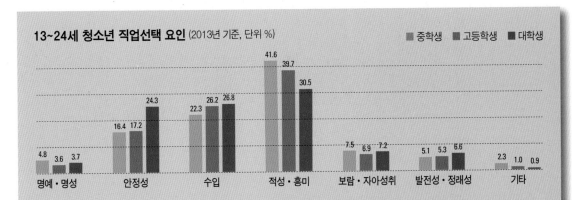

13~24세 청소년 직업선택 요인 (2013년 기준, 단위 %)

■ 중학생 ■ 고등학생 ■ 대학생

항목	중학생	고등학생	대학생
명예·명성	4.8	3.6	3.7
안정성	16.4	17.2	24.3
수입	22.3	26.2	26.8
적성·흥미	41.6	39.7	30.5
보람·자아성취	7.5	6.9	7.2
발전성·장래성	5.1	5.3	6.6
기타	2.3	1.0	0.9

13~24세 청소년이 직업을 선택할 때 가장 중요하게 고려하는 요인은 '적성·흥미'(34.2%)였으며, '수입'(27.0%)과 '안정성'(21.3%)이라는 응답비율도 높았다. 반면 '보람·자아성취'(6.4%), '발전성·장래성'(6.1%), '명예·명성'(3.6%) 등은 극히 낮았다.

가장 근무하고 싶은 직장은 '국가기관'이 28.6%로 '대기업'(22.1%)보다 앞섰다. 특히 '공기업(공사)'이라고 답한 15.4%까지 합치면 44%나 됐다. 최근 청년층 사이에 불고 있는 '공시족' 열풍이 그대로 나타났다. 이와 달리 '벤처기업'(2.8%)이나 '중소기업'(3.1%), '해외취업'(3.0%) 등 상대적으로 안정적이지 않은 직업군에 대한 선택은 크게 떨어졌다.

(영남일보 2014.07.11. 기사 일부 발췌)

'적성과 흥미'를 진로설계와 직업선택을 함에 있어 중요하게 고려하는 요인이라고 뽑는 것은 물론 실제로 중요한 요인 중 하나임을 보여주는 또 하나의 기사를 살펴보자.

현재 본인의 일에 대한 만족여부

'불만족'하는 응답자의 직업선택기준

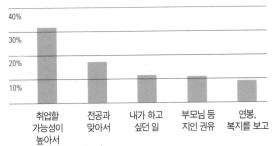

'만족'하는 응답자의 직업선택기준

일에 대한 성취와 보람	**34.4%**
내가 하고 싶던 일	**29.9%**

취업포털 잡코리아는 남녀 직장인 1340명을 대상으로 '직장인 일 만족도'를 주제로 설문조사한 결과를 발표했다. 이에 따르면 '현재 본인의 일에 만족하느냐'는 질문에 응답자 62.0%가 '만족하지 않는다'고 대답했다. '만족한다'는 대답은 38.0%에 그쳤다.

현재 일에 만족하지 않는다는 응답자(831명)를 대상으로 '현재 일을 선택한 기준'을 물었다. 그 결과 '취업할 가능성이 높아서(32.0%)'란 대답이 가장 많았다. 이어 '전공과 맞아서(17.2%)', '내가 하고 싶던 일(13.2%)', '부모님 등 주변 사람의 권유로(12.5%)', '연봉·복지를 보고(9.1%)' 등의 순이었다. 일에 만족하지 못하는 가장 큰 이유에 대해선 '불만족스러운 연봉'이 34.3%로 1위를 차지했다. 그 다음으로는 '불투명한 비전(27.7%)', '업무의 반복·지루함(12.4%)', '잦은 야근(9.5%)', '적성과 다른 업무(7.7%)' 등이 뒤따랐다.

반면, 현재 일에 만족한다는 응답자(509명)는 현재 일을 선택한 기준이 무엇이냐는 질문에 '내가 하고 싶던 일(29.9%)'이란 대답이 가장 많았다. 또 만족하는 이유에 대해선 '일에 대한 성취도와 보람(34.4%)'을 첫 손에 꼽았다.

(동아일보 / 2015-07-23 기사 일부 발췌)

적성과 흥미의 중요성 알지만, 취업현실 앞에서는 취업에 급급해서...
어렵사리 취업했으나 자신이 생각했던 것과 달라 회의감↑ · 업무에 대한 만족감↓

우리가 진로설계 및 직업선택을 함에 있어 '적성과 흥미'가 중요한 고려요인이라는 것을 충분히 알고 있음에도 불구하고, 실제 사회진출 앞에 서서는 취업에 급급해서 취업 가능성에 무게를 더 싣게 되고, 그렇게 취업을 한다고 해도 취업한지 1~2년을 넘기지 못하고 조기 퇴사하는 현상으로 이어지는 악순환이 되고 있다.

또 하나는 '적성과 흥미'가 진로설계 및 직업선택의 중요한 고려요인임을 알면서도 정작 학생들은 "제가 어떤 일을 하고 싶은지 모르겠어요.", "제가 과연 잘할 수 있을지 모르겠어요.", "선배들을 보면서 학년이 올라가면 '어떻게 되겠지...'라고 생각했어요."라는 말을 하며 머리를 긁적이는 모습을 보게 된다. 이는 충분한 자기이해가 부족한 상태로 마음만 급하여 취업 현실에 뛰어들게 되고 결국은 자기이해와 정보부족으로 힘든 취업난에서 더 힘든 상황을 겪게 하고, 취업을 해서도 직장생활에 회의감을 느끼게하고 업무에 대한 만족감까지 떨어뜨리게 된다. 행복한 자신의 인생설계에 중요한 의미를 지니는 진로설계를 함에 있어 좀 더 체계적이고 깊이 있는 자기이해가 우선이 되어야 함은 거듭 강조해도 지나치지 않을지도 모르겠다.

MAIN THEME 1

흥미와 진로탐색하기

흥미란 개인이 '진로적 측면에서 무엇을 좋아하는가, 싫어하는가?', 즉 잠재적으로 가치 있다고 생각하는 것에 주의를 기울이고 그것을 향해 나아가려는 일반적인 정서적 특성이다. 헌데 흥미가 있어서 좋아하다보면 그 속에서 가치를 발견하고 몰입할 수 있는 가능성이 높아진다.

"좋아하는 일을 직업으로 삼게 되었어요"

흥미
• 직업 선택 시 적성과 함께 가장 많이 고려되는 요인
• 어떤 종류의 일에 관심이 있고 좋아하는가에 대한 정보는 향후 만족스러운 직업활동 예측에 중요함

직업 흥미
같은 직업의 사람들 〉〉공통의 흥미패턴
자신의 흥미패턴에 적합한 직업을 찾는다면

흥미에 대한 이해는 유명한 직업심리학자인 홀랜드(Holland) 이론에 기초하고 있다. 홀랜드는 개인의 직업흥미를 다음의 6가지 유형으로 구분하고, 각 유형에 속하는 사람들은 다른 유형과 구분되는 비슷한 특징을 공유한다고 하였다.

기본가정

① 대부분의 사람들은 6가지 유형, 즉 현실형, 탐구형, 예술형, 사회형, 진취형, 관습형의 유형으로 분류된다.

② 환경 또한 6가지 종류, '현실형, 탐구형, 예술형, 사회형, 진취형, 관습형'의 환경이 있다.

③ 사람들은 자신의 능력과 기술을 발휘하고 태도와 가치를 표현하고 자신에게 맞는 역할을 수행할 수 있는 환경을 찾는다.

④ 개인의 행동은 성격과 환경의 상호작용에 따라 결정된다.

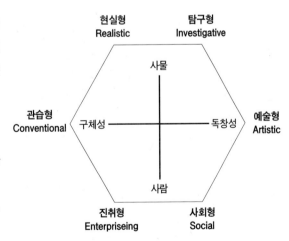

흥미유형의 이해

다음의 6가지 흥미유형의 특성, 선호/비선호 활동 등에 대한 설명을 바탕으로 자신에 대해 이해하고 탐색해 보도록 하자.

직업적 흥미유형	흥미 특성	선호 또는 비선호 직업적 활동	대표적인 직업
현실형 Realistic type	성실하고, 검소하며, 솔직하고, 현실적이며 신중한 성격 신체적으로 건강하고, 소박하고, 말이 적으며, 남성적이고, 지구력이 있으며, 직선적이고, 단순하다. 눈에 보이는 성취에 대한 물질적 보상에 가치를 둔다 〈타인평가〉 검손하고 솔직하지만 독단적이고 고집이 센 사람으로 보일 수 있다	〈선호 활동〉 분명하고 질서정연하고 체계적인 것을 좋아하고, 연장이나 기계를 조장하는 활동 및 기술에 흥미가 있음 손재능 및 기계적 소질이 있음 신체적 활동 또는 실외활동 선호 〈비선호 활동〉 사교적 재능 부족 교육적인 활동이나 치료적인 활동은 좋아하지 않는다.	기술자, 자동차 정비원, 항공기 조종사, 소방관, 농부, 엔지니어, 전기·기계기사, 운동선수, 목수, 농부, 군인, 경찰, 운전기사 등
탐구형 Investigative type	탐구심이 많고, 논리적·분석적·합리적이며, 학술적 재능이 있다. 정확하고, 지적 호기심이 많으며, 비판적·내성적이고, 수줍음을 잘 타며, 신중하다. 지식의 개발과 습득에 가치를 둔다. 〈타인평가〉 지적이고 현학적이며 독립적이지만 내성적인 사람으로 보일 수 있다.	〈선호 활동〉 관찰적·상징적·체계적이며 현상의 창조적인 탐구를 수반하는 활동에 흥미 있음 〈비선호 활동〉 사회적이고 반복적인 활동이나 설득 및 영업활동에는 관심 부족	언어학자, 심리학자, 시장조사 분석가, 과학자, 생물학자, 화학자, 물리학자, 인류학자, 지질학자, 의료기술자, 의사 등
예술형 Artistic type	상상력과 감수성이 풍부하고, 자유분방하며, 개방적이다. 또한 감정이 풍부하고, 독창적이며, 개성이 강하며 경험에 대해 개방적이다. 아이디어, 정서, 감정의 창조적 표현에 가치를 둔다. 〈타인평가〉 유별나고 혼란스러워 보이며 예민하지만 창조적인 사람으로 보일 수 있다.	〈선호 활동〉 모호하고, 자유롭고, 상징적인 예술적 창조와 표현, 변화와 다양성 선호하는 활동 선호 〈비선호 활동〉 틀에 박힌 일이나 규칙 비선호 명쾌하고, 체계적이고, 구조화된 활동에는 흥미 부족	예술가, 작곡가, 음악가, 화가, 무대감독, 작가, 배우, 소설가, 미술가, 무용가, 디자이너, 배우, 카피라이터 등

직업적 흥미유형	흥미 특성	선호 또는 비선호 직업적 활동	대표적인 직업
사회형 Social type	사람들과 어울리기 좋아하고, 친절하고, 이해심이 많으며, 남을 잘 도와주고, 봉사적이며, 감정적이고, 이상주의적이며 대인관계적 소질이 있다. 타인의 복지와 사회적 서비스의 제공에 가치를 둔다.	〈선호 활동〉 타인의 문제를 듣고, 이해하고, 도와주고, 치료해 주고, 봉사하는 활동 선호 〈비선호 활동〉 기계 • 도구 • 물질과 함께 명쾌하고 질서정연하며, 체계적인 활동 흥미 부족	사회복지가, 교육자, 간호사, 유치원 교사, 종교지도자, 상담가, 임상치료가, 언어치료사 등
진취형 Enterpriseing type	지배적이고, 통솔력 • 지도력이 있으며, 말을 잘하고, 설득적이며, 경쟁적이고, 낙관적이고, 열성적이며 설득력과 경영 및 영업능력이 있다. 경제적 성취와 사회적 지위에 가치를 둔다. 〈타인평가〉 열정적이고 외향적이며 모험적이고 야심이 있는 사람이 보일 수 있다.	〈선호 활동〉 조직의 목적과 경제적 이익을 얻기 위해 타인을 선도 • 계획 • 통제 • 관리하는 일과 그 결과로 얻어지는 명예 • 인정 • 권위를 얻는 활동 선호 〈비선호 활동〉 틀에 박힌 일이나 규칙과 관찰적 • 상징적 • 체계적 활동에는 흥미 부족	기업경영인, 정치가, 판사, 영업사원, 상품구매인, 보험회사원, 판매원, 관리자, 연출가 등
관습형 Conventional type	정확하고, 빈틈이 없고, 현실적이고 성실한 성격으로 조심성이 있으며, 세밀하고, 계획성이 있으며, 변화를 좋아하지 않으며, 완고하고, 책임감이 강하며 비즈니스 실무능력이 있다. 〈타인평가〉 안정을 추구하고 규율적이지만 유능한 사람으로 보일 수 있다.	〈선호 활동〉 정해진 원칙과 계획에 따라 자료들을 기록, 정리, 조직하는 일을 좋아하고, 체계적인 작업환경에서 사무적, 계산적 능력을 발휘하는 활동 선호 〈비선호 활동〉 창의적이고 자율적이며, 모험적, 비체계적인 명확하지 않은 모호한 과제 및 활동에 혼란 느낌	공인회계사, 경제분석가, 은행원, 세부사, 경리사원, 컴퓨터 프로그래머, 감사원, 안전관리사, 사서, 법무사 등

또한 흥미유형 육각형 모형의 형태와 크기에 따라 자신의 흥미발달 정도와 바람직한 노력 방향을 탐색해 볼 필요가 있다.

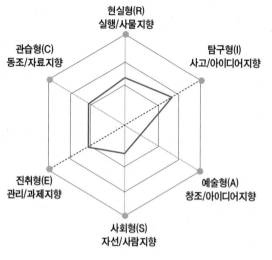

크기 \ 모양	정육각형	찌그러짐
크다	• 관심분야가 폭넓음 • 자신의 흥미 분야 잘 모름 • 성격, 능력, 경험 등이 관심분야와 조화로운지 살펴보는 것이 바람직함	• 특정분야에 흥미 보임 • 흥미 잘 발달되고 안정됨 • 성격, 능력, 경험 등이 관심 분야와 조화로운지 살펴보는 것이 바람직함
작다	• 뚜렷한 관심 분야 없음 • 자기에 대한 이해 부족 • 과거에 즐거웠거나 잘 할 수 있었던 작은 경험부터 탐색하는 것이 바람직 함	• 흥미발달이 잘 이루어지지 않음 • 특정분야에 관심은 있으나 매우 작음 • 조금이라도 관심이 있는 분야에 대한 적극적인 탐색을 시도해 보는 것이 바람직 함

이러한 결과들을 바탕으로 자신의 흥미코드와 관련성이 높은 직업 내지는 활동 가운데 스스로의 전공과 상황에서 가능한 범위 안에서 직업 및 직무활동을 탐색한다면, 만족스러운 직업선택의 방향을 찾는데 도움이 될 것이다.

직업흥미검사 해석의 Tip!

1) 6가지의 흥미유형 중 가장 높은 2개의 코드를 중심으로 자기이해하기
높은 2개의 흥미코드를 바탕으로 자신의 직무활동으로 선택하면 좀 더 흥미 있는 직업활동을 할 수 있다는 의미이다. 그러나 직무선택에 있어 2개의 흥미코드를 다 충족하지 못하더라도 하나의 코드는 직무로, 나머지 하나의 코드는 취미 및 여가활동으로 수행하게 되면 좀 더 만족스러운 삶을 그리는 데 도움이 될 것이다.

2) 6가지의 흥미유형 중 가장 낮은 2개의 코드를 중심으로 자기이해하기
낮은 2개의 흥미코드는 그 분야에서 일을 할 수 없다는 것을 의미하는 것이 아니라 말 그대로 그 유형의 활동에 있어서 는 흥미가 덜할 수 있음을 의미하는 것이다. 따라서 흥미의 강하고 약함에 따른 자신이 감수해야 할 부분을 참고자료로 활용한다면 도움이 될 것이다.

Work Sheet 5-01

직업흥미검사 결과

자신의 직업흥미검사 결과를 정리해보고, 자신의 높은 두 흥미코드를 읽으면서는 자신의 특성과 일치한다고 생각하는 내용을 바탕으로 긍정요인 keyword를, 낮은 두 흥미코드를 읽으면서는 부럽거나 가지고 싶은 특성이라고 생각하는 내용을 바탕으로 보완요인 keyword를 정리해 보도록 하자.

5

원 점수		흥미		표준점수	
개인 내적인 주관 흥미유형의 높고 낮음의 정도		유형별 점수		타인과 비교한 상대적인 자신의 흥미 수준	

구분	현실형(R)	탐구형(I)	예술형(A)	사회형(S)	진취형 (E)	관습형(C)
원점수						
표준점수						

당신의 흥미코드는 원점수를 기준으로 가장 높은 점수를 받은 2개의 흥미코드를 의미합니다.

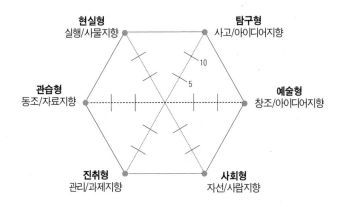

나의 흥미코드 :	

	⇩	

긍정요인 Keyword	높은 흥미코드 1 ( )	높은 흥미코드 2 ( )
보안요인 Keyword	낮은 흥미코드 1 ( )	낮은 흥미코드 2 ( )

MAIN THEME 2

적성과 진로탐색하기

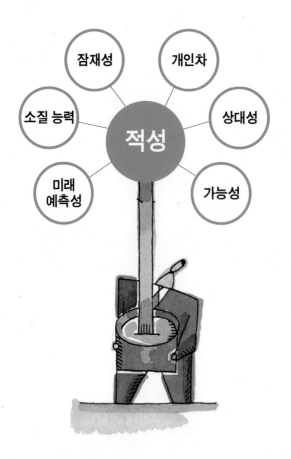

개인의 능력 방향을 특정 분야나 활동 영역에 관련시킨 개념

구체적인 특정 활동이나 직업에 대한 미래의 성공 가능성을 예언하는 인간의 잠재력을 말함

- 적성은 사람마다 다름
- 적성은 미래를 향한 가능성임
- 적성은 훈련(연습)을 통해 어느정도 보완됨

적성이란 어떤 일을 수행하는 데 필요한 재능으로서 그 분야에서의 성공가능성을 예측할 수 있는 잠재능력 또는 소질을 의미한다. 즉 '개인이 어떤 잠재능력을 지녔는가? 무엇을 잘 할 수 있는가?'하는 것에 초점이 있다. 소위 타고난 능력, 소질, 잠재가능성을 의미하는 것이다. 대개 적성이 있으면 동일한 노력에도 발달에서 더 유리할 수 있다. 결국 적성검사는 구체적인 특정 활동이나 직업에 대한 미래의 성공가능성을 예언하는 개인의 능력 방향을 예측하는 검사인 것이다

최근 기업에서 많이 실시하고 있는 인적성검사 역시 이러한 관점에서 동일한 맥락의 의미를 지닌다. 즉 인적성검사는 인성검사와 적성검사라는 두 가지 영역으로 구성된 검사로, 먼저 인성검사는 성격적 결함이 있는 것은 아닌지, 조직문화에 잘 적응할 것인지 등을 예측해보기 위한 장치라면, 적성검사는 취업처에서 할 직무수행 능력이 적합한지를 예측하는 능력검사이다.

따라서 취업처에서 중점적으로 보는 것은 채용하고자 하는 자리에 '꼭' 필요하면서도 '적합한' 사람인가를 판단하는 것이다.

5

적성요인	하위검사	내용
언어력	어휘력 검사 문장 독해력 검사	언어력은 어휘력과 문장 독해력 등을 통해 이해력과 추론 능력, 비판적 사고력을 평가하고자 한다.
수리력	계산력 검사 자료해석력 검사	수리력은 계산력과 자료해석력 등을 통해 수치계산과 자료를 잘 해석하는가를 평가하고자 하는 영역으로, 단순한 공식을 알고 있느냐와 같은 계산 자체보다는 자료에 대한 분명한 이해와 논리력을 평가하고자 한다.
추리력	수열추리1 검사 수열추리2 검사 도형추리 검사	추리력은 어휘를 통한 추리력, 규칙을 찾는 도형추리력, 정보를 이용한 추리력 등을 통해 분석적인 사고력과 논리력 및 논리적 판단력을 평가하고자 한다.
공간지각력	조각 맞추기 검사 그림 맞추기 검사	공간지각력은 도형을 분할하여 만들 수 있는 유형을 유추하는 그림 맞추기나 조각 맞추기 등을 통해 직관적 사고력과 공간조작능력을 평가하고자 한다.
사물지각력	지각속도 검사	사물지각력은 주어진 사물(숫자, 문자, 기호 등)을 빠르고 정확하게 지각하는가를 평가하고자 한다.
상황판단력	상황판단력 검사	상황판단력은 일상생활이나 직장생활 속에서 접할 수 있는 다양한 상황들에서 어떻게 행동하는 것이 바람직하고, 어떻게 행동하는 것이 바람직하지 않은지 등의 상황에 적합한 대안을 선택하는가를 평가하고자 한다.
기계능력	기계능력 검사	기계능력은 자연의 운동법칙과 물리학적 원리 및 기계의 작동원리나 사물의 운동원리 등을 통해 판단능력과 지식을 평가하고자 한다.
집중력	집중력 검사	집중력은 주어진 자료 및 정보를 빠르게 지각하고 정확하게 적용할 수 있는가를 평가하고자 한다.
색채지각력	색혼합 검사	색채지각력은 색을 인지하여 색을 창조하는 능력과 색의 감성적 의미를 파악하는 능력을 평가하고자 한다.
사고유창력	사고유창력 검사	사고유창력은 주어진 상황에 대해 짧은 시간 내에 서로 다른 아이디어를 많이 개발해 낼 수 있는 능력을 평가하고자 한다.
협응능력	기호쓰기 검사	협응능력은 두 가지 이상의 기능을 가지고 서로 조화롭게 사용하여 주어진 과제를 효율적으로 완수하는 능력을 평가하고자 한다.

직업적성검사 해석의 Tip!

적성검사에서 말하는 적성은 잘할 수 있는 것을 의미하는 것이 아니라 미래 예측력의 관점 안에서 일과 관련된 잘할 수 있는 능력의 방향에 대한 것을 설명해주는 것이다. 따라서 적성의 방향을 살펴보고, 직무적합도를 적성의 관점에서 살펴본다는 관점으로 이해하면 도움이 될 것이다.

1) 검사결과의 적성수준을 최상/상의 높게 나타난 두 적성요인과 하/최하의 낮게 나타난 두 적성요인을 바탕으로 어떤 특성이 강점이고 약점인지의 관점에서 적성의 수준을 살펴보고, 직무에서의 활용가능성을 예측해 보면 도움이 될 것이다.

2) 검사 결과에서 추천된 직업목록들은 개인의 능력요인만을 고려한 것이며 좋아하는 활동이나 흥미와는 일치하지 않을 수 있다. 또한 추천하는 직업은 63개의 대표 직업군에서 적합한 직업만을 추천하고 있으며 모든 직업영역들을 대표하고 있는 것이 아니다.

여기에서 잠깐…!

우리가 적성탐색을 통해 알고자 하는 것만큼이나 취업처에서도 그들이 뽑고자 하는 인재가 그들의 취업처와 잘 맞는지를 알고자 하는 관심은 계속해서 증가하고 있다. 다음은 최근 많은 기업들이 자체 인적성검사를 실시하거나 인적성검사의 전형 단계에서의 중요성을 강조하는 기사들이다. 보다시피 인적성검사를 통해 기업 문화에 적합하고 잘 적응하면서도 직무수행능력 역시 적합한 인재를 뽑고자 하는 노력들이 계속되고 있음을 보여주는 바이다. 이러한 트랜드에 발맞춰 인적성검사에 대한 이해도 함께 해 나가야 할 것이다.

LG그룹 인적성검사 실시…

LG그룹의 인적성검사는 '웨이핏 테스트(Way Fit Test)' 로 불리는 인성검사와 언어이해, 언어추리, 인문역량과 수리력, 도형추리, 도식적 추리 등을 평가하는 적성검사로 나뉜다.
'웨이핏 테스트'는 'LG 웨이'에 맞는 개인별 역량 또는 직업성격적인 적합도를 확인하는 것으로 342문항을 50분 간 진행한다. 적성검사는 신입사원의 직무수행 기본 역량을 검증하기 위한 평가로 총 125문항은 140분간 진행한다.

-연합뉴스 / 2015. 04. 18 기사 일부 발췌-

포스코, 자체 직무적성검사 도입한다…'PAT' 신설

POSCO가 올해 신입사원 공개채용부터 직무적성검사를 실시한다. 삼성의 GSAT, 현대의 HMAT와 같은 개념으로 포스코가 자체적으로 인적성검사를 도입한 것은 1969년 공채를 실시한 이해 처음이다.
10일 포스코에 따르면 오는 9월 신입사원 공채부터 서류합격자를 대상으로 자체 직무적성검사(PAT)를 실시한다. PAT는 POSCO Aptitude Test의 약자로 '포스코에 적합한 인재'를 찾기 위한 창의력, 직무수행 역량 등이 객관적으로 평가된다. 문제 구성은 언어 · 수리 · 공간 · 도식 영역의 직무 기초 능력과 경영경제 · 인문사회 등 일반 상식으로 이뤄졌으며 각 문항 유형은 포스코 채용 홈페이지에서 미리 볼 수 있다. 전반적으로 타사의 인적성검사와 비슷한 형태지만, 각 문항들을 통해 '포스코형' 인재를 찾겠다는 구상이다.

-아시아경제 / 2015. 08. 10 기사 일부 발췌-

대기업 인재채용, '인적성검사'가 만능

현대車 시작으로 주요 그룹 공채 잇따라 언어, 역사, 수리 등 종합적 평가로 사고능력 평가

현대중공업을 시작으로 주요 대기업의 대졸 신입사원 채용을 위한 인적성 검사가 줄줄이 이어진다. 현대중공업을 시작으로 현대, 기아차, 삼성, LG, CJ, SK 등으로 주요 그룹별로 인적성 검사가 실시된다.
현대중공업은 새로운 인적성검사 해치(HATCH)를 통해 언어, 수리, 분석, 공간지각, 종합상식, 종합 의사결정 뿐 아니라 글로벌 상식과 경제상식, 한국사 등을 600여개의 문항으로 구성된 검사를 통해 평가한다.
현대자동차와 기아자동차는 HNAT와 함께 역사 에세이 시험을, LG 웨이핏 테스트, SK는 SKT를 통해 실행역량, 인지역량(수리, 언어, 직무역량), 심층역량 그리고 한국사로 평가한다.
삼성은 SSAT와 함께 독서와 경험에 기반한 종합적, 논리적 사고 능력 평가에 초점을 맞춰 평가한다.

-경상일보 / 2015. 03. 31 기사 일부 발췌-

인적성검사 왜 실시할까?

최근 탈스펙, 블라인드 전형 등의 관점에서 보면 취업처 입장에서는 원하는 인재를 뽑는 것이 쉬운 일이 아니다. 따라서 취업처에서 가장 중요하고 비중을 두고자 하는 전형으로 꼽는 것이 면접이다. 그럼에도 불구하고 자기소개서와 함께 인적성검사의 비중 또한 커진 이유는 첫째, 어려운 취업난에 쏟아져 나오는 구직자들을 1:1로 면접을 보면서 '적합성'을 평가하는 것이 시간적·경제적 효율성 측면에서 만만치 않기 때문이다. 두 번째로는 자기소개서를 강조하면서 이를 통해 지원자의 '적합성'을 평가하고자 하는 비중 역시 높아지는 추세이긴 하나 이 역시 글로 표현되는 진실성 측면에서의 주관적 평가의 어려움과 한계가 존재한다. 따라서 조금이나마 객관적인 자료를 바탕으로 자기소개서와 면접의 중간 합의지점으로서 인적성검사를 통해 '적합한' 인재를 채용하고자 하는 것이 취업처의 입장인 것이다.

인적성검사를 실시하는 이유 (단위 %)

항목	%
지원자의 성향을 제대로 파악할 수 있어서	39.6
객관적인 지표로 평가할 수 있어서	34.0
면접만으로는 평가가 어려워서	34.0
직무능력을 파악할 수 있어서	24.5
인재상에 맞는 인재 선별이 가능해서	24.5

인적성검사 결과는 채용에 어떤 영향을 미칠까? (단위 %)

항목	%
면접 시 참고자료로 쓰인다	35.9
일정기준에 미달하면 탈락시킨다	30.2
직무 배치 시 참고자료로 쓰인다	18.9
결과에 따라 차등 점수를 부여한다	5.7

(자료 사람인)

인적성검사에서 중점적으로 평가하는 부분 (단위 %)

항목	%
추리능력	3.8
수리능력	3.8
기타	5.7
상식	9.4
지각능력	13.2
리더십	15.2
판단력	17.0
창의력	20.8
언어능력	22.6
이해력	24.5
성격	26.4
직무적합도	30.2
업무능력	37.7
대인관계/협동심	41.5
인성	52.8

인적성검사의 구성

일반적으로 취업처에서 시행하고 있는 직무적성검사에서 '적성'은 우리가 살펴본 바와 같이 주어진 과제를 성공적으로 수행해 나갈 수 있는 잠재력을 의미한다. 조직에서 실시하는 직무적성검사는 조직 구성원으로서 특정 업무를 제대로 수행해 낼 수 있는 잠재력이 어느 정도인지를 알아보기 위해 실시하는 검사인 것이다. 적성검사는 다양한 직무 분야에서 자신이 맡은 직무를 성공적으로 수행하기 위하여 요구되는 중요한 적성요인을 측정함으로써 입사 희망자의 기초능력 및 성격을 객관적으로 판단하는 데 매우 유용하게 사용된다.

많은 취업처에서 실시하고 있는 직무적성검사를 바탕으로 인적성검사의 영역을 종합·정리해보면 다음과 같다. 직무적성검사는 기초 지적능력검사(AI)와 실용적 직무능력검사(PI)로 구성된다. 대부분의 기업들은 아래의 표와 같은 하위요인들을 측정하고 있다.

구분	항목	측정이유	측정내용
AI	언어력	전 직무영역에 공통적으로 요구되는 능력으로 대인관계, 보고서작성 등의 직무수행에 필수적인 능력	어휘능력, 문장이해력, 문장구성력 등
	수리력	일상생활에서 접하는 통계적 자료들의 의미를 정확하게 해석하는 능력, 경리/회계/자료의 정리 및 분석 등의 직무수행과 연관	기초통계, 산술응용, 자료해석력 등
	추리력	제시된 자료의 해석능력과 논리적 추론 능력을 평가하기 위한 것으로 기획/분석/평가 등의 직무수행에 필수적인 능력	언어추리, 수열 및 문자추리, 도형추리 등
	지각력	사물을 신속하고 정확하게 식별하는 능력으로 총무/인사/자재 등의 사무능력을 비롯하여, 건축/기계/이과계통의 공간지각력을 판단하는 능력	공간지각력, 지각정확성 등
	창의력	창의적 사고력을 판단하는 능력으로 기획력/상상력 등의 신규 사업 개발에 필수적인 능력	수식만들기, 가정세우기, 그림 완성 등
PI	영어, 일반상식	조직생활에서 발생할 수 있는 문제나 갈등상황을 대처해나가는 판단능력	상황대처력, 분석종합력 등
	직무상식	업무와 관련한 필수상식 및 정보적 지식을 측정하는 능력	일반상식, 시사상식, 직장예절 등
성격검사	인성	인간의 직무능력 외 성격적인 요인들을 측정	정서적 안정성, 지적 개방성, 성실성 등

결국 인성검사를 통해서는 보고자 하는 것은 지원자의 취업처 문화에 대한 이해 및 적응력, 조직 안에서의 대인관계능력, 의사소통능력, 성실성 등의 성향적 측면을 보고자 한다면, 적성검사를 통해서 보고자 하는 것은 크게 직무능력과 기초학력의 영역으로 이 두 가지 영역이 혼재된 것인데, 이를 통해 정보를 정확하게 이해하고, 분석하고, 활용하는 능력을 갖추고 더 나아가서는 창의적으로 문제를 해결할 수 있는 능력을 갖춘 해당 직무의 직무수행 능력이 적합한 인재인지를 예측하고자 하는 것이다.

하위영역의 구성과 출제 형식

언어력

어휘력과 독해력 등 기본적인 언어소양을 갖추고 있는지 측정하는 영역이다. 이 영역에서는 단어의 의미, 순우리말, 한자어, 고사성어, 속담 등 어휘에 대해 얼마나 알고 있는지를 측정한다. 어휘를 많이, 정확하게 알고 있는지를 통해 이를 응용한 동의어/반의어 및 단어의 상관관계에 관련된 문제, 단문이 주어지고 단문의 빈칸에 알맞은 어휘 혹은 접속어를 찾는 문장 완성형 문제, 문장을 배열하여 논리적으로 연결이 되도록 하는 문장 배열 문제, 수능 비문학독해와 같은 장문독해 형태의 문제가 주요 출제 형식이다.

상황판단능력

국내기업에서 실시되고 있는 상황판단능력 검사는 기업의 인재상에 부합하는 조직원을 선발하기 위한 평가도구이다. 상황판단능력검사는 주어진 상황에 대한 지원자의 반응을 점수로 나타낸 것으로, 기업은 이 점수를 토대로 원하는 인재를 파악하여 채용, 평가 및 승진 등에서 유용한 기초 자료로 활용하고 있다.

상황판단능력검사는 시나리오형과 단일문장형의 두 가지로 나뉜다. 시나리오형은 조직 내에서 나타나는 여러 가지 상황을 시나리오로 구성하여, 응답자의 생각과 일치하는 정도를 묻는다. 단일문장형은 상황이 한 문장을 통해 제시되고 응답자는 각 문항별로 각각의 생각을 응답하게 된다.

상황판단능력검사는 조직생활 중의 여러 가지 상황 하에서 자신이 선택할 방향을 설정하고 너무 극단적이거나 편향된 대답을 피해야 한다.

창의력

창의력의 평가는 제시된 그림이나 질문을 보고 상상력을 발휘하여 문장 형식의 답을 쓰는 유형으로 주어진 시간 내에 최대한 상상력을 발휘하여 문장으로 표현하는 것이 대체적인 형식이다.

Work Sheet 5-02

직업적성검사 결과

자신의 직업적성검사의 결과를 작성하여 보고, 자신에게 있어 활용가능성이 높은 적성요인과 활용가능성이 낮은 적성요인을
파악해 보도록 하자

활용가능성이 높은 적성 요인	활용가능성이 낮은 적성 요인

적성 대표 강점 키워드	적성 대표 약점 키워드

활용가능한 일 분야 살펴보기	활용이 어려운 일 분야 살펴보기

MAIN THEME 3

가치관과 진로탐색하기

나는 무엇을 향해 달려가는가?

직업가치는 직업생활을 통하여 충족하고자 하는 욕구 또는 상대적으로 중요시하는 것을 의미한다. 직업과 관련된 다양한 욕구 및 가치들에 대해 자신이 상대적으로 무엇을 얼마나 더 중요하게 여기는가를 살펴보고, 그 가치가 충족될 가능성이 높은 직업을 탐색할 수 있도록 해야 할 것이다.

먼저 자신이 가지고 있는 잠재력과 재능, 동기부여 요소 등을 파악하여 직업의 선택에 자신이 가장 중요하게 생각하는 가치를 자가추측을 통해 도출해 봄으로써 자신이 중요하게 여기는 가치관들에 대해 좀 더 깊이 있게 탐색해 볼 수 있을 것이다.

자가추측을 통한 가치관 알아보기

만약 자신에게 1,000만원이 주어지고 각각의 직업가치가 300만원일 때, 이 금액으로 3가지의 직업가치를 구입할 수 있다면 어떤 직업가치를 구입할 것인가?

직업가치 요인	성취 / 봉사 / 개별활동 / 직업 안정 / 변화 지향 /심신의 여유 / 영향력 발휘 / 지식 추구 애국 / 자율 / 금전적 보상 / 타인 인정 / 실내활동		
구입할 직업가치	1.	2.	3.

또 다른 방법은 한국고용정보원 워크넷(http://www.work.go.kr) 또는 한국직업능력개발원 커리어넷(http://www.careernet.re.kr)의 직업가치관을 알아보는 검사들을 통해 직업과 관련된 자신의 가치관을 파악함으로써 개인의 효율적인 직업선택을 돕고 직업에 대한 만족도를 높이기 위한 자료로 활용할 수 있다.

객관적인 검사결과를 통한 가치관 알아보기

워크넷 또는 커리어넷에서 검사한 자신의 직업가치관 검사 결과를 바탕으로 가치관의 우선 순위표를 작성하여 보고 해당 직업들의 종류를 알아보도록 하자.

순위	가치관	관련 직업
예시)	성취	대학교수, 연구원, 관리자 등
1		
2		
3		
4		

직업가치관 살펴보기

직업가치 요인	직업가치 설명	관련 직업
1. 성취	스스로 달성하기 어려운 목표를 세우고 이를 달성하여 성취감을 맛보는 것을 중시하는 가치	대학교수, 연구원, 프로 운동선수, 연구가, 관리자 등
2. 봉사	자신의 이익보다는 사회의 이익을 고려하며, 어려운 사람을 돕고, 남을 위해 봉사하는 것을 중시하는 가치	판사, 소방관, 성직자, 경찰관, 사회복지사 등
3. 개별 활동	여러 사람과 어울려 일하기보다 자신만의 시간과 공간을 가치고 혼자 일하는 것을 중시하는 가치	디자이너, 화가, 운전기사, 교수, 연주가 등
4. 직업 안정	해고나 조기퇴직의 걱정 없이 오랫동안 안정적으로 일하며 안정적인 수입을 중시하는 가치	연주가, 미용사, 교사, 약사, 변호사, 기술자 등
5. 변화 지향	일이 반복적이거나 정형화 되어 있지 않으며 다양하고 새로운 것을 경험 할 수 있는지를 중시하는 가치	연구원, 컨설턴트, 소프트웨어 개발자, 광고 및 홍보전문가, 메이크업 아티스트 등
6. 심신의 여유	건강을 유지할 수 있으며 스트레스를 적게 받고 마음과 몸의 여유를 가질 수 있는 업무나 직업을 중시하는 가치	레크리에이셔너, 교사, 대학교수, 화가, 조경기술자 등
7. 영향력 발휘	타인에게 영향력을 행사하고 일을 자신의 뜻대로 진행할 수 있는지를 중시하는 가치	감독 또는 코치, 관리자, 성직자, 변호사 등
8. 지식 추구	일에서 새로운 지식과 기술을 얻을 수 있고 새로운 지식을 발견 할 수 있는지를 중시하는 가치	판사, 연구원, 경영컨설턴트, 소프트웨어개발자, 디자이너 등
9. 애국	국가의 장래나 발전을 위하여 기여하는 것을 중시하는 가치	군인, 경찰관, 검사, 소방관, 사회단체활동가 등
10. 자율	다른 사람들에게 지시나 통제를 받지 않고 자율적으로 업무를 해나가는 것을 중시하는 가치	연구원, 자동차 영업원, 레크리에이션 진행자, 광고전문가, 예술가 등
11. 금전적 보상	생활하는데 경제적인 어려움이 없고 돈을 많이 벌 수 있는지를 중시하는 가치	프로 운동선수, 증권 및 투자중개인, 공인회계사, 금융자산 운용가, 기업고위임원 등
12. 타인 인정	자신의 일이 다른 사람들로부터 인정받고 존경 받을 수 있는지를 중시하는 가치	항공기조종사, 판사, 교수, 운동선수, 연주가 등
13. 실내 활동	주로 사무실에서 일할 수 있으며 신체활동을 적게 요구하는 업무나 직업을 중시하는 가치	번역사, 관리자, 상담원, 연구원, 법무사 등

FINALI-ZATION

내적 가치와 외적 가치에 비추어 본 진로탐색하기

5

우리가 중요하게 여기는 가치는 개인의 내면적 만족을 얻고자 하는 경향을 보이는 내적 가치와 직업에서의 수행을 통해 능력 발휘를 하고자 하는 외적 가치의 측면으로 살펴볼 수 있다. 따라서 자신이 중요하게 여기는 가치의 측면을 좀 더 깊이 있게 탐색하여 자신의 적성과 흥미, 성격 등의 종합적 측면에서 진로 설계를 고민해야 할 것이다. 예를 들어, 어떠한 환경적 여건보다 내가 좋아하고 재미있는 일을 하는 것이 자신에게 중요한 의미를 가진다면 직업 적성보다는 직업 흥미에 좀 더 초점을 두고 진로 설계를 할 필요가 있을 것이다.

내적가치

- 일을 통해 내적 만족을 얻고자 하는 사람일 가능성 높음
- 자신이 좋아하는 일을 해야 만족할 수 있음
- 직업적성보다 **직업흥미**를 기준으로 직업을 선택하는 것이 좋음

해당가치 요인

- 성취, 봉사, 개별활동, 변화지향, 지식추구, 직업안정,
- 몸과 마음의 여유, 자율, 실내활동

외적가치

- 직업에서의 수행을 중요하게 여길 가능성 높음
- 자신의 직업에서 능력발휘를 잘 할 수 있을 때 만족할 것임
- 직업흥미보다는 **직업적성**에 맞추어 직업을 선택하도록 해야 함

해당가치 요인

- 성취, 영향력발휘, 지식추구, 금전적 보상, 인정, 애국

성취나 지식추구는 의미에 따라 내적 가치와 외적 가치 모두로 분류 가능함

의사결정시 고려

내적 가치와 외적 가치 중 중시하는 것이 무엇인가에 따라 진로의사결정 시 고려해 볼 수 있음

그렇다면, 주관적으로 추측하는 높은 가치요인과 검사결과를 통해 살펴본 높은 가치요인을 정리하고, 자신이 내적 가치와 외적 가치 중 어느 가치에 더 의미를 두는지 정리해보자.

자가추측을 통해 살펴본 높은 가치요인	/	/
검사결과를 통해 살펴본 높은 가치요인	/	/
내가 의미를 두는 가치는?		

6

직무탐색을 통한
평생직업 찾기

SECTION INTRO

대학생 진로 탐색에서의 직무 탐색의 의미 찾기

'취업이 먼저고 직무는 나중에 생각해도 늦지 않다'라는 것이 일반적인 취업준비생들의 생각이다. 요즘처럼 청년 취업의 문제가 갈수록 심각해지는 상황에서 이런저런 직무를 따질 형편이 못 된다는 이야기다. 하지만 이것은 어디까지나 취업준비생들의 생각일 뿐 인사담당자들의 생각은 그렇지 않다. 자신의 적성에 맞는 직무를 찾고 이에 맞게 스펙을 쌓아야 하는 것이 경쟁이 치열한 취업 시장에서 생존하는 유일한 방법이며 인사담당자가 원하는 핵심인재일 것이다. 그렇다면 직무가 중요한 이유에 대해 알아보도록 하자.

첫째, 직무는 직장 생활의 버팀목이다. 직무가 중요한 이유는 '적성에 맞는 일을 해야 행복해 질 수 있다'는 근원적 답변일 것이다. 하지만 곱씹어 보면 정말 중요한 질문이며 힘든 직장생활의 버팀목이 될 수 있을 것이다. 이름 없는 지방회사에서 박봉을 받아가며 매일 밤 야근에 시달려도 손에 잡힌 일이 평소 내가 꿈꿔오던 일이고 비전이 있다면 회사생활은 지속될 것이다. 반면 대기업 본사에서 근무하며 높은 연봉을 받고 여유 있는 근무강도를 자랑하는 직장인도 하는 일이 원치 않으며 비전 없는 일이면 회사생활을 지속하기 어렵다. 직무는 직장생활을 지속해 주는 산소탱크와 같은 존재다.

둘째는 '미래 로드맵의 기둥=직무'다. 평생직장 개념은 사라진 지 오래다. 앞으로는 직장인 대부분이 몇 번의 이직을 경험한다. 이는 자신이 선택한 직장이나 직무가 자신의 자질이나 역량에 맞지 않기 때문에 이와 같은 이직현상이 발생한다.

셋째는 '사회진출의 KSP(Key Success Point)=직무'라는 등식이다. 바로 직무 자체가 사회진출의 문을 여는 열쇠가 되기 때문이다. 취업 후 직무를 결정하는 전략은 직무 자체를 모르면 취업의 문이 열리지 않기에 잘못된 전략이다.

결국 직무에 대한 명확한 분석이 선행되어야 사회진출의 문을 열 수 있다는 말이다.

출처 www.etnews.com 취업과 직무의 중요성 중 일부 발췌

NEWS
BRIEFING

졸업 후 취업까지 11개월 백수생활…
첫 직장 들어가도 1년 반만에 퇴사

내 청년 취업준비생들은 학교를 졸업한 이후 첫 직장을 가질 때까지 11개월간 '취업 준비기간'을 보내는 것으로 나타났다. 이들 중에서는 일반직 공무원 임용시험을 준비하는 비율이 가장 높았으며, 어렵게 취업에 성공해도 1년6개월 만에 첫 직장을 그만두는 것으로 파악됐다.

취업난이 심각해지고 공무원 시험 경쟁률이 높아지면서 취업 준비생들은 중·고등학교나 대학교·대학원 등 최종 학교를 졸업하고 첫 취업에 성공할 때까지 평균 11개월을 '백수'로 지냈다. 이는 작년(11.6개월)보다는 단축된 것이다.

(매일경제, 2015. 07. 23 기사 발췌)

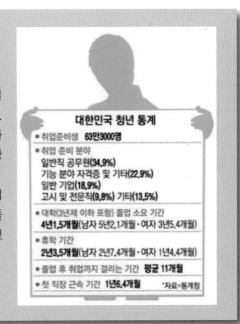

대한민국 청년 통계

- 취업준비생 **63만3000명**
- 취업 준비 분야
  일반직 공무원**(34.9%)**
  기능 분야 자격증 및 기타**(22.9%)**
  일반 기업**(18.9%)**
  고시 및 전문직**(9.8%)** 기타**(13.5%)**
- 대학(3년제 이하 포함) 졸업 소요 기간
  4년1.5개월(남자 5년2.1개월·여자 3년5.4개월)
- 휴학 기간
  2년3.5개월(남자 2년7.4개월·여자 1년4.4개월)
- 졸업 후 취업까지 걸리는 기간 **평균 11개월**
- 첫 직장 근속 기간 **1년6.4개월** '자료=통계청

구직자 60% "취업에 전공 신경 안 쓴다"

전공과 무관한 직무에 입사지원 중이라는 구직자들의 전공으로는 '인문계열' 구직자가 41.86%로 가장 많았다. 이어서 '사회과학계열' (16.42%), '공과계열' (13.95%), '경영계열' (11.63%), '자연과학계열' (9.30%), '미술계열' (6.98%) 순으로 나타났다.

전공 관련 취업을 포기한 시기는 구직자의 48.65%가 '본격적으로 구직활동을 시작하면서'라고 답했으며 '대학교 입학 직후'라고 답한 구직자도 27.02%였다. 이밖에 '대학교 4학년' (16.22%), '대학교 2~3학년' (8.11%)이라고 답했다.

'대학 진학 및 전공 선택 시 향후 직업을 고려했는가'라는 물음에 45.45%가 '고려하지 않았다' 라고 답했다.

전공과 관련된 직무에 입사지원 중인가?	전공과 관련없는 직무에 입사지원하는 이유는?
 **59.09%**	1. 하고싶은 일과 일치하지 않아서 (24.32%)
	2. 활용할 수 있는 분야가 별로 없어서 (21.62%)
	3. 관련 채용이 거의 없어서 (18.92%)
	4. 소질이 없다고 판단하여 일찌감치 포기해서 (16.22%)
	5. 전공계열의 취업률이 낮아서 (13.51%)
	6. 현실과는 동떨어진 내용을 다루고 있어서 (5.40%)

1) 직무란?

직무란 직장 내에서 자신이 맡는 직위나 직책에 따라 주어지는 업무(일)를 말하며. 자신이 맡은 업무를 성공적으로 수행하기 위한 능력을 '직무요구능력' 이라 말한다. 따라서 자신의 성격, 가치관, 지식, 기술, 태도 등이 일치할 경우 직무에 맞는 직무중심 인재라고 말한다.

만일 축구팀에서 축구선수를 선발한다면 "그냥 난 축구 잘해요"가 아니라 아래 그림에서처럼 자신에게 맞는 포지션을 먼저 결정하고, 그 포지션에 맞는 자신의 역량을 개발하여 스카우터에게 어필해야 나를 선발해 주지 않겠는가?

즉 자신이 희망하는 직무가 달라지면 그에 따른 요구 역량과 자질 또한 달라진다는 것을 명심하고 자신이 가지고 있는 역량과 자질을 기반으로 자신에게 맞는 직무부터 탐색해 보는 것이 본격적인 진로선택의 시작일 것이다.

내가만일
수비수를 지원한다면
미드필드를 지원한다면
공격수를 지원한다면

인사담당자에게 무엇을 어필해야 할 것인가?

영업/영업관리/해외비즈니스

마케팅/기획/홍보

구매/정보관리/고객관리/비서/전산/생산

같은 회사 ≠ 같은 직원 ≠ 같은 업무 ≠ 같은 직무능력

2) 그 일(직무) 잘하는 사람의 조건

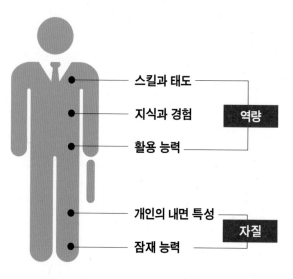

스킬과 태도
지식과 경험 — **역량**
활용 능력

개인의 내면 특성 — **자질**
잠재 능력

- 어떠한 일(직무)을 수행할 때 남들보다 보다 높은 성과를 낼 수 있는 활용 능력 수준.
- 후천적 요인이 크며, 지금까지의 경험 또는 지식, 스킬, 자격, 태도 등으로 측정할 수 있음.

- 어떠한 일(직무)에 맞는 타고난 성품이나 소질 또는 일에 대한 잠재 능력 수준(실력)
- 요인이 크며, 개인 내면의 특성인 성격, 적성, 흥미 등의 선호성을 통해 측정할 수 있음.

3) 직무의 종류

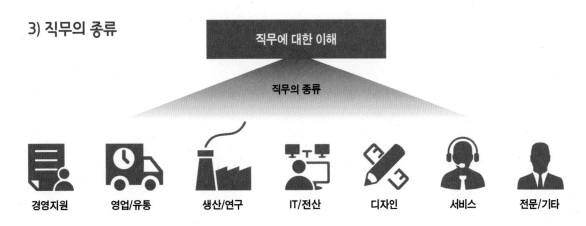

위 그림과 같이 일반적으로 직업별 직무분야는 크게 7가지로 구분지어지며 직업을 선택하는데 있어서 가장 기본적인 단계라고 도 할 수 있다. 또한 각 분야별 직무에는 아래 표와 같이 다양한 종류의 직무들이 존재한다.

직무분야	직무 종류		
경영지원	• 기획, 전략 • 회계, 경리 • 자금, 재무	• 구매, 자재 • 홍보, 광고 • 인사 • 교육	• 총무 • 법무 • 비서 • 사부보조
영업/유통	• 영업, 영업관리 • 해외영업, 무역	• 마케팅, 상품개발 • 물류, 유통	• 판매, 매장관리 • TM, 고객지원
생산/연구	• 생산관리 • 생산기술	• 생산, 기능직 • 연구개발	• 품질관리 • 환경, 안전
IT/전산	• 웹마스터, 기획 • 웹디자인	• 프로그래머 • 시스템 분석,설계 • 네트워크 관리	• 통신기술, 모바일 • 일반기업IT직
디자인	• 그래픽 디자인 • 제품 디자인	• 캐릭터 디자인	• 패션 디자인 • 편집 디자인
서비스	• 승무원, 관광 • 호텔리어	• 인포메이션, 안내	• 텔러, 금융창구 • 외식서비스
전문/기타	• 건축, 토목 • 인테리어 • 금융, 대출보상	• 광고기획 • 출판기획 • 기자, 아나운서 • PD	• 강사, 학습지 • 간호사, 의사 • 조리, 영양사

MAIN THEME 2

직무 탐색의 세계로 들어가 보자.?

이제 본격적으로 아래의 순서에 따라 직무 탐색의 세계로 들어가 보자.

1단계 ; 취업포털 사이트의 구인정보 분류표 활용 노하우

일반적으로 어떤 취업포털사이트든지 구인정보를 직업별 또는 직종별로 아래의 그림과 같은 구조에 따라 분류해 제공한다.

직업별(직종) 산업별(업종) 보기 조직도 보기

사무	기획·전략·경영 (2912)	마케팅·광고·분석 (2170)	홍보·PR·사보 (1069)
	경리·기장·출납 (9814)	회계·재무 (3218)	총무·법무·사무 (3757)
	비서·안내·수행원 (1191)	인사·교육·노무 (1053)	사무보조·OA (7048)
	전시·컨벤션·세미나 (220)		
영업·판매	일반영업 (6731)	영업기획·관리 (7389)	기술영업 (1886)
	IT·솔루션영업 (1132)	광고영업 (800)	금융·보험영업 (2008)
	판매·매장관리 (9094)	TM 아웃바운드 (2378)	TM 인바운드 (1550)
	고객센터 (2863)	OA·CS강사·수퍼바이저 (285)	
IT	웹마스터 (466)	웹기획·PM (1011)	웹디자인 (3283)
	웹프로그래머 (2022)	응용프로그래머 (2029)	시스템프로그래머 (851)
	ERP·시스템분석 (483)	하드웨어·소프트웨어 (1035)	서버·네트웍·보안 (1165)
	데이터베이스·DBA (405)	HTML코딩·퍼블리셔 (689)	통신·모바일 (1295)
	동영상·편집·코덱 (45)	IT강의·교육 (234)	컨텐츠·사이트운영 (1351)
	게임·Game (428)		
디자인	그래픽디자인·CG (1399)	출판·편집디자인 (1270)	제품·산업디자인 (772)
	캐릭터·만화·애니 (268)	의류·패션디자인 (1205)	전시·공간디자인 (568)
	광고·시각디자인 (1420)	디자인기타 (317)	
서비스	웨딩·행사·이벤트 (634)	안내·도우미·나레이터 (690)	보안·경호·안전 (771)
	주차·세차·주유 (361)	AS·서비스·수리 (3197)	외식·식음료 (2881)
	호텔·카지노·콘도 (634)	여행·관광·항공 (612)	레저·스포츠 (577)
	미용·피부관리·애견 (3696)	요리·제빵사·영양사 (4247)	가사·청소·육아 (585)
전문직	경영분석·컨설턴트 (502)	증권·투자·펀드·외환 (115)	설문·통계·리서치 (122)
	헤드헌팅·노무·직업상담 (75)	번역·통역 (413)	법률·특허·상표 (302)
	세무·회계·CPA (1272)	채권·보험·보상 (251)	도서관사서 (21)
	연구소·R&D (4239)	임원·CEO (78)	문화·예술·종교 (198)
	특수직 (30)		
의료	의사·치과·한의사 (84)	수의사 (72)	약사 (112)
	간호사 (1724)	간호조무사 (3871)	의료기사 (1889)
	사무·원무·코디 (846)	보험심사과 (115)	의료기타직 (804)

이러한 분류가 바로 직무 분류의 가장 기본이다. 이 분류표를 보고 제일 먼저 자신의 전공에서 접근 가능한 직무의 종류들을 파악해 보고, 관심 있는 직무분야에 대해서는 구체적인 채용공고를 읽어본 후 자신이 접근 가능한 분야인지를 확인한 다음 가능한 직무 분야를 정리해 보자.

2단계 ; 인터넷 사이트에서 제공하는 직무사전 활용, 구체적인 직무별 업무내용 파악 노하우

그런 다음 관심직무로 남은 직무들에 대해 아래의 그림처럼 취업포털 잡이룸 사이트 등에서 제공되는 직무사전을 활용해 관심직무의 구체적인 업무내용 및 필요역량 및 자질 등을 파악해보고, 자신이 접근 가능한 분야인지를 확인한 다음 다시 가능한 직무 분야를 정리해 보자.

3단계 ; 직무별 업무에 맞는 요구 역량 및 필요자질 파악 노하우

그런 다음 관심직무로 남은 직무들에 대해 아래의 그림처럼 취업포털 워크넷 사이트 등에서 제공되는 직무사전을 활용해 관심 직무의 구체적인 업무내용 및 필요역량 및 자질 등을 파악해보고, 자신이 접근 가능한 분야인지를 확인한 다음 다시 가능한 직무 분야를 정리해 보자.

4단계 ; 직업정보 동영상을 활용한 직무별 세부 정보 파악 노하우

그런 다음 관심직무로 남은 직무들에 대해 아래의 그림처럼 취업포털 워크넷 사이트 등에서 제공되는 직업 동영상을 활용해 관심직무 관련 전문가 및 종사자들의 인터뷰 내용 등을 통해 직무의 세부적이고 구체적인 정보를 파악해보고, 자신이 접근 가능한 분야인지를 확인한 다음 다시 가능한 직무 분야를 정리해 보자.

5단계 ; 일반 포털사이트를 활용한 다양한 직무 정보 파악 노하우

그런 다음 관심직무로 남은 직무들에 대해 아래의 그림처럼 일반적인 포털사이트 등에서 검색되는 직무 관련 다양한 정보들을 통해 좀 더 구체적인 직무의 세부적이고 구체적인 정보를 파악해보고, 자신이 접근 가능한 분야인지를 확인한 다음 다시 가능한 직무 분야를 정리해 보자.

6단계 ; 오프라인에서의 다양한 직무 정보 파악 노하우

그런 다음 관심직무로 남은 직무들에 대해 아래의 그림처럼 온라인을 통한 직무탐색을 넘어 오프라인에서도 관련 종사자 선배나 교수님, 그리고 학교 내 취업 관련 부서의 방문 및 상담을 통해 더욱 실전적인 직무의 정보를 파악해보고, 자신이 접근 가능한 분야인지를 확인한 다음 다시 가능한 직무 분야를 정리해 보자.

선비를 통한 자료수집

주변의 선배를 적극적으로 활용하라

비슷한 관심사를 가지고 있는 친구 활용

지도교수님

관련학과의 지도교수님으로부터 직업이나 취업에 관한 추천서 및 조언 적극 활용

대학취업지원센터(경력개발센터)

대학생의 경우 각 대학에 설치, 최신의 취업정보 직업 정보수집 가능

이제까지의 6단계 탐색 과정을 통해 정리된 직무분석의 결과를 토대로 앞선 장에서 파악된 자신의 성격, 적성, 흥미 등의 내적 특성을 토대로 직무와 관련된 자질이 맞는지와 함께, 자기 전공이나 준비하고자 하는 역량과 자격 등의 외적 특성을 토대로 직무별 요구 역량을 파악하여 이를 고려하여 자기 나름의 직무목표를 설정하고 그에 맞는 역할이나 준비사항을 다시금 확인할 필요가 있다.

FINALI-ZATION

직무역량 시대의 핵심전략 : 지원 희망 직무를 세분화해서 설정하라.

지금까지 직무에 대한 충분한 이해와 직무의 종류, 직무의 역할 등에 대해 알아보았다면 구체적인 직무 탐색의 결과를 활용하는 노하우를 배워보자,

먼저 기업은 채용환경의 변화에 따른 직무에 맞는 특별한 인재를 선호한다는 것을 알 수 있다. 다양하고 세분화되는 업종에 맞추어 제너럴리스트가 아닌 스페셜리스트를 원하는 기업에 맞추기 위함이라고 할 수 있다. 또한 자신의 역량과 자질에 맞지 않는 직무선택은 회사에 대한 적응력을 떨어뜨릴 뿐만 아니라 조기퇴사로도 이어질 수도 있고 경력단절로 이어질 수가 있기 때문에 매우 중요하다. 그리고 자신의 비전과 목표에 맞는 직무인가에 대해서도 고민해야 하기 때문이다.

특히나 이과계열의 전공자의 경우 사실 직무가 상당히 구체적이고 구분도 명확하다고 볼 수 있지만, 문과는 그렇지 않다. 직무의 백화점이라 하는 대기업의 경우도 문과 계열의 경우 경영지원직무와 영업직무로 크게 두 분야로 나누어 선발하지만, 보다 구체적이면서 설득력 있게 직무역량을 준비해 드러내기에 이러한 구분은 별로 의미가 없다. 직무를 보다 세분화할 필요가 있다는 말이다. 핵심은 이 지원 목표 직무를 세분화하면 할수록 직무역량을 보다 구체적으로 준비하여 보다 효과적으로 어필할 수 있다는 것을 명심하고 직무 탐색에 더욱 매진해 보자. 그리고 이러한 모든 사항들을 고려하여 자신이 희망하는 직무를 선택해 보기 바란다.

세부직무 및 주요업무(예시)

구분	구분	주요업무	비고
HRM	인력운영	전사경영방침에 따라 인력 및 인건비를 어떻게 운영할지에 대한 계획을 수립	
	채용	인력운영 계획을 토대로 신규 인력 채용 - 신입채용 / 경력채용	신입
	평가/보상/승진	성과에 공정한 평가제도를 운영 직급/직책 체계에 따라 승격 또는 승진 T/O관리	
	급여/복리후생	동종업종간의 급여 및 복리후생 제도 비교 임직원의 만족도와 회사 경영여건 감안. 최적의 인건비 전략 수립 및 집행	신입
	제도기획	임직원들로부터 의견을 청취하여 인사 제도 개선	
	조직관리	조직 필요에 따른 조직체계 관리 조직 신설, 폐지 및 조직 역할 및 규모에 맞는 직무관리	
HRD	교육기획	다양한 경력관리 교육프로그램 운영 개인의 비전과 회사의 비전을 매칭할 수 있는 구성원의 동기부여를 위한 교육 수립 및 진행	
	교육운영		신입
노사		경영진과 근로자간의 불협화음 최소화를 위한 Win-Win 전략 수립 및 관리	
기업문화		기업 가치 유지, 조직문화, 조직 이미지 관리 등 최근 주목받고 있는 직무	신입

Work Sheet 6-01
나만의 관심직무 탐색하기

대학생 진로선택에 있어서의 핵심은 자신에게 맞는 지원 분야의 선택과 이해, 곧 관심직무에 대한 선택과 이해이다. 나의 관심직무 만들기를 통해 직무 선택 후 필요자질과 기본 요건 등에 대해 알아본 후 전략적으로 취업을 준비하는 것이 취업을 위한 지름길이다.

순번	분야	관심 직무	파악한 직무의 역할 및 세부업무내용	파악한 직무의 필요자질
			파악한 기본요건 및 요구역량(스펙)	
예시	경영지원	구매, 자재	회사 제품의 M/S, Profit 극대화를 위한 제반 활동. 마케팅 전략의 수립, 새로운 상품 기획, 개발해 회사의 매출 및 이익률 제고. (4P - Price , Product, Promotion, Place) ●시장조사·분석 : 마케팅 전략 수립을 위해 고객, 경쟁사, 시장환경 조사 분석 ●마케팅 전략 수립 : 시장분석 자료를 바탕으로 고객만족도 및 판매, 브랜드가치를 극대화할 수 있는 마케팅 믹스 전략을 수립 ●마케팅 활동 및 성과관리 : 마케팅 전략을 토대로 마케팅 활동계획을 수립하고 결과에 대한 관리	정보수집력, 사교성, 성실성, 목표지향성, 적극성, 설득력, 활동성, 도전성, 직관력, 수리력, 공감성, 협조성, 기민성, 언어능력
			상경계열(경영전공)선호, 그러나 심리학 등 유관 전공자 및 비전공자도 가능은 함 인턴십 등 관련 경험이나 대학생 마케터 활동 및 관련 공모전 등 경험 스펙 중시 해외 업무를 위한 외국어 구사역량에 대한 선호도가 최근 올라감	

7

자기특성 분석과 직무분석의 징검다리 놓기

SECTION INTRO

나만의 경쟁력 찾기

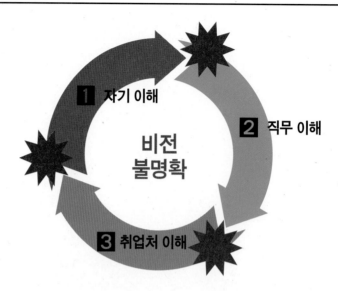

지금까지 3~5장에서 살펴보았던 자기이해와 6장에서 살펴보았던 직무이해를 연결하는 연결고리를 만드는 작업은 대학생 진로설계에서 가장 중요한 과정이다. 이는 직무적합도 중심 평가의 시대에는 개인의 특성이 직무와 직장에서의 활용으로 연결될 수 있는 탄탄대로를 달릴 수 있는 다리를 세우는 작업과 같다. '자기이해'라는 교각과 '직무이해'라는 교각만 열심히 세운다고 우리가 원하는 진로설계 및 직업선택의 길이 탄탄대로가 되지는 않는다. 이를 연결하는 탄탄대로를 만들어 쌩쌩 달릴 수 있는 연결 작업이 오히려 더 중요하다고 할 수 있을 것이다.

이번 7장에서는 지금까지 탐색한 자기이해와 직무이해를 연결하는 징검다리를 만들어 보고자 한다.

먼저 현재 내가 가진 다양한 특성을 객관적으로 정립할 때 현재 나의 가치가 된다. 그러나 내가 하고자 하는 직무와 직장을 고려하여 다양한 특성을 다시 재구성해보고 어떤 특성을, 무슨 이유로 더욱 강화할 것인지를 객관화해 본다면, 이는 분명 미래 직업세계에서 빛을 발휘할 수 있는 가치가 될 수 있을 것이며, 현명한 대학생은 이러한 미래가치를 기반으로 자신의 진로를 설계해야 할 것이다. 그러면 이제 여러분 또한 본 장을 통해 여러분의 현재가치를 구체화하고, 이를 기반으로 미래가치를 탐색해 진로설계의 든든한 원자재를 정리해 보기를 바란다.

NEWS BRIEFING

영업직 지원하는데...
"누구보다 신중한 성품입니다"

직무능력 중심의 채용이 정착되면서 기업이나 기관 등 수요자의 필요에 맞는 커리큘럼을 대학에 제시하고 이 방식대로 전공과목을 개설한 대학을 지원하는 프로그램(예, 삼성전자의 SST(Samsung Software Track)) 등을 통해 장학금을 받고 졸업 후 해당 기업이나 기관에 취업하는 경우가 조금씩 늘고 있다.

그러나 이런 형식의 대학 프로그램이 아직은 극히 일부에 불과해 대부분의 대학생들은 경력기술서에 쓸 만한 직무적인 배움을 가질 기회가 거의 없다. 실제 학생들이 경력기술서에 채우게 되는 경력이라고 해봐야 대부분 한두 달 정도에 불과한 인턴이나 알바 경력이 대부분이기 때문이다. 그리고 인턴 경력 또한 큰 의미를 갖지 못하는 경우가 많다. 인턴이 실무와 연계된 직무 교육 프로그램인 외국의 경우와 달리, 단순한 업무보조 역할만 시키는 생색용 프로그램 정도로 보는 몇몇 국내 기업 때문이다.

그래서 당장 사회진출을 준비하는 학생들에게는 실제로 직무와 상관있는 것을 하면서 직접적으로 돈을 벌었던 경력에 대한 이야기를 쓰는 경력기술서보다는, 여러 가지 다양한 활동, 모임, 동아리 등의 경험을 토대로 이야기를 구성하는 경험기술서가 더 현실감 있는 서류임에 분명하다.

한데 이런 경험의 소재가 개인의 경험에 기반한 것이므로 주제 역시 개인적인 것으로 흐르기 쉽다. 가령 자신이 누구보다도 인내심이 많다든가 신중하다든가 반대로 추진력이 뛰어나다는 등으로 말이다. 하지만 잊지 말아야 할 점은 경험 역시 직무와 연결이 되어야 한다는 것이다. 적어도 직무와 적합한 성품을 강조하는 식으로라도 이야기가 흘러야 한다는 것이다. 가령 영업직에 지원하면서 신중하다는 성품을 강조한다면 때로는 과감하게 행동해야 하는 영업인의 자세로는 덜 적합한 특성일 수 있다.

결국 '이제까지의 삶과 대학생활을 통한 자신의 경험들이 직무적으로 어떤 도움을 줄 것인가'가 분명하게 강조돼야 한다. 자신의 장점이 드러나는 에피소드지만 결국에는 그런 것들이 직무적으로 어떻게 활용될 수 있는가에 대한 계획과 사고가 엿보여야 한다는 것이다.

결국 NCS채용은 직무중심 채용이기 때문에 경험기술서에서도 강조돼야 하는 것은 개인의 경험을 통해 드러나는 단순한 개인의 특성과 강점이 아니라, 수많은 강점 가운데 자신이 지원하고자 하는 직무의 다양한 업무내용 안에서 어떻게 연결되어 활용될 수 있는지를 어필하는 가운데 완성되어 가는 직무의 적합함이라는 관점에서의 그 핵심키워드를 찾고 만드는 것이 필요하다.

출처 : 머니투데이 2015.08.15. [이시한의 NCS불패노트 10] 중 일부 발췌

MAIN THEME 1

자기이해와 직무분석의 교각 세우기

1단계. Mindmap of Finding Me

지금까지 3~5장에서 살펴본 자기특성 분석을 바탕으로 나를 찾아가는 자기이해의 마인드맵을 그려보자. 3장에서 살펴보았던 Have-Want List, 외부환경(타인), 성격, 특성, 흥미,적성, 가치관을 바탕으로 나의 긍정요인과 보완요인을 찾아 정리해 보자.

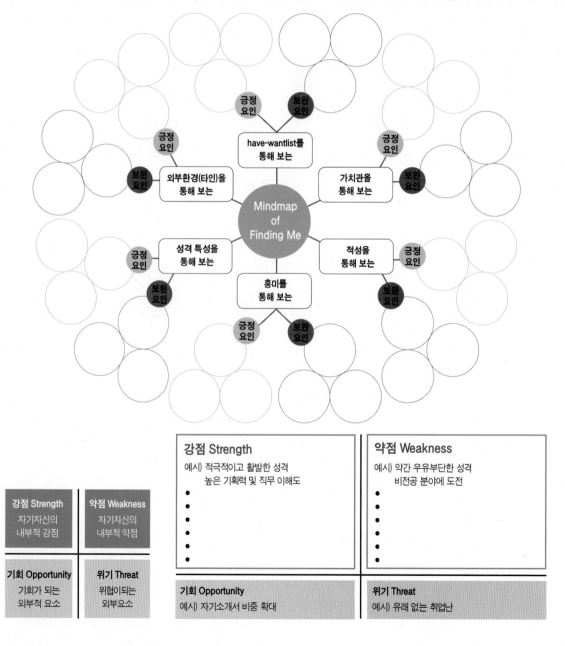

강점 Strength	약점 Weakness
자기자신의 내부적 강점	자기자신의 내부적 약점

기회 Opportunity	위기 Threat
기회가 되는 외부적 요소	위협이되는 외부요소

강점 Strength
예시) 적극적이고 활발한 성격
       높은 기획력 및 직무 이해도
-
-
-
-
-
-

약점 Weakness
예시) 약간 우유부단한 성격
       비전공 분야에 도전
-
-
-
-

기회 Opportunity
예시) 자기소개서 비중 확대

위기 Threat
예시) 유래 없는 취업난

2단계. 갇혀있는 내 안의 틀 깨기

앞에서 정리한 하나하나의 개인특성을 바탕으로 우리만의 틀 안에 갇혀있던 진로의 방향에서 벗어나 더 넓은 관점으로 자신의 가능성을 찾아보는 작업들을 해 보도록 하자. 주관적 자기이해, 성격, 흥미, 적성 등의 자기 특성의 교집합을 통해 좀 더 다양한 관점에서의 나만의 가능성을 발견해보자.

앞의 Mindmap of Finding Me에서 정리한 나의 긍정요인을 바탕으로 각 특성들의 교집한 키워드를 뽑아보고, 그 긍정요인을 발휘할 수 있는 적합한 직무는 무엇이 있을지 다양한 관점에서 탐색해보자.

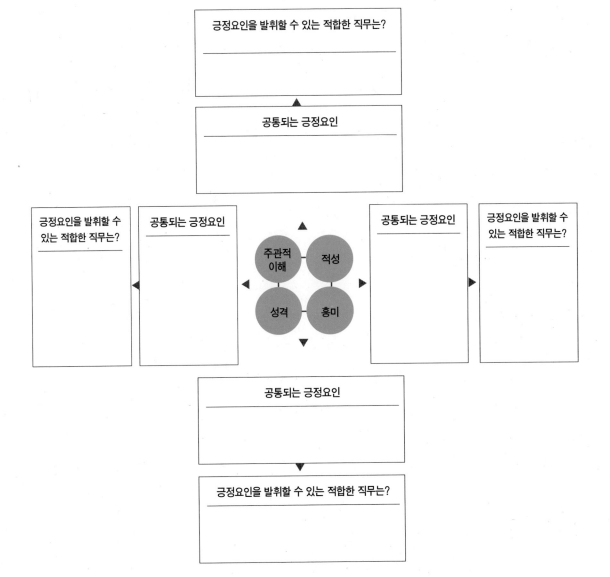

3단계. 나를 표현할 수 있는 긍정요인 Best 5 정리하기

1~2단계의 내용을 바탕으로 자신의 긍정요인들 가운데 진로와 연결할만한 긍정요인 5개를 뽑아보고, 이를 진로적 측면에서 긍정요인이라고 생각하는 이유를 정리해보자.

	나만의 긍정요인	나만의 긍정요인이라고 생각하는 이유
예시	철저하고 체계적이다,	나는 시험공부 계획을 3주 단위, 시험 치기 마지막 1주일 단위, 하루 단위로 어떤 일을 할 때 꼼꼼하게 계획을 세워 실행한다.
예시	나는 사교적이다.	나는 처음 보는 사람에게 먼저 다가가는 편이고, 쉽게 가까워지며, 친구들이 많다.
1		
2		
3		
4		
5		

4단계. 나만의 긍정요인별 연결 직무 탐색하기

자신을 표현하는 긍정요인을 잘 발휘할 수 있는 관심직무에 대해서 정리해보자. 여기에서는 그 어떤 환경적 여건도 고려하지 않은 채, 오로지 긍정요인을 잘 발휘할 수 있는 관점만을 기준으로 폭넓게 생각해보자.

	나만의 긍정요인	잘 발휘할 수 있는 관심직무
예시	철저하고 체계적이다,	기획 · 전략 · 경영 / 인사 · 교육 · 노무 / 경리 · 출납 / 회계 · 재무 · 세무 / 마케팅 연구개발 / 생산기술 / 품질관리
예시	나는 사교적이다.	광고홍보 / 영업, 영업관리 / 인사 / 생산관리
1		
2		
3		
4		
5		

5단계. 나만의 긍정요인별 연결 직무의 접근가능성 탐색하기

위의 4단계 연결시켜 보았던 관심직무들 중에서 자신의 현재 전공을 기반으로 갈 수 있는 가능성 또는 비록 전공은 아니지만 접근가능성이 있느냐는 관점에서 살펴볼 필요가 있다. 자신이 정말 잘할 수 있고, 정말 재미있고 즐겁게 할 수 있는 일이더라도 내가 그 길을 가기 위한 현실적인 가능성과 준비를 어느 정도 갖추어 나가고 있느냐의 관점을 빼놓을 수 없다. 이와 같은 관점에서 중요한 기준점 3가지는 다음과 같다.

1) 현재 나의 전공을 기반으로 가능한 경우, 2) 현재 나의 복수전공/이중전공을 기반으로 가능한 경우, 3) 전공은 아니지만 그 직무에 적합한 역량을 갖춘 경우일 때 현실적으로 가능한 발판 역할이 되어줄 수 있다.

이와 같은 관점에서 자신의 전공 또는 복수전공/이중전공을 바탕으로 접근 가능한 직무 또는 전공은 아니지만 그 직무에 적합한 역량을 갖추어 접근가능성이 있는 직무에는 ○, 관심은 있으나 여러 가지 환경적 여건(전공 불일치, 역량 및 경험 여건 불가능, 부모님의 기대, 물리적인 거리, 경제적인 여건 등 포함)상 현실적으로 어려운 직무에는 △를 해보자.

	나만의 긍정요인	잘 발휘할 수 있는 관심직무
예시	철저하고 체계적이다.	기획 · 전략 · 경영 / 인사 · 교육 · 노무 / 경리 · 출납 / 회계 · 재무 · 세무 / 마케팅 연구개발 / 생산기술 / 품질관리
예시	나는 사교적이다.	광고홍보 / 영업, 영업관리 / 인사 / 생산관리
1		
2		
3		
4		
5		

6단계. 나만의 관심직무 및 선정 이유 정리하기

6장에서 살펴보았던 직무탐색을 바탕으로 자신만의 관심직무와 그 직무를 선정한 이유를 정리해보자.

	관심직무	선정 이유
예시	기획 · 전략 · 경영	현재 나의 전공 및 준비하는 역량으로 접근 가능성이 가장 높음
1		
2		
3		
4		
5		

7단계. 나만의 경쟁력 있는 희망직무와 요구자질 정리하기

5단계에서 정리한 나만의 긍정요인별 접근 가능한 관심직무와 6장에서 정리한 관심직무 및 필요자질에서 공통적으로 드러나는 나만의 경쟁력 있는 희망직무와 자질을 찾아보자.

	나만의 경쟁력 있는 희망직무	요구자질
예시	기획 • 전략 • 경영	분석적 사고 / 신뢰성 / 꼼꼼함
예시	인사 • 교육 • 노무	혁신적 사고 / 사회성 / 정직성
예시	연구개발	분석적 사고 / 정직성 / 혁신적 사고 / 꼼꼼함 / 신뢰성
1		
2		
3		
4		
5		

8단계. 나만의 희망직무 Best 3 정하기

지금까지 7단계의 작업을 통해 나만의 희망직무(whole my target)와 희망직무로 선정한 이유를 정리해보자.

	나만의 희망직무(whole my target)	희망직무로 선정한 이유
1		
2		
3		

MAIN THEME 2

자기이해와 직무분석의 징검다리 놓기

3~5장을 통해 살펴보았던 자기특성들을 바탕으로 Mindmap of Finding Me에서 정리한 나의 긍정요인과 함께 6장의 직무분석과 앞의 8단계를 통해 살펴본 희망직무에서의 요구자질 및 역량을 정리하여, 이들의 공통점을 통해 직무적합성을 높여보도록 하자.

(예시)

희망 직무	나만의 특성 (3~5장 자기특성 탐색 수업 활용)	직무요구 능력 (6장 직무탐색 수업 활용)	공통점 탐색을 통한 직무 접합성 찾기
ex) 총무 사무	- 원칙과 계획에 따른 정리 잘함 - 개산적 능력이 뛰어남 - 규칙을 잘 따름 - 반복되는 일상적인 일에 대한 인내력이 강함 - 책임감이 강함 - 문제해결에 있어 과거의 경험을 잘 적용함 - 타인을 지도, 계획, 통제관리능력이 우수함 - 열정적이고 외향적임	**자질** 정직성, 꼼꼼함, 스트레스감내성, 사회성, 성취, 노력 **역량** 수리력, 재정관리, 물적 자원관리, 전산, 인적자원관리 , 조직체개의 분식 및 평가, 읽고 일해하기, 경제학 회계	- 반복되는 일상적인 내력이 강함(스트레스) - 원칙과 계획에 따른 ... 짤림 (조직체계의 분석 ...짤림 - 타인을 지도, 계획 ...짤림 이 우수함(조직체계의 분석 및 평가) - 계산적 능력이 뛰어남 (재정관리, 경제와 회계) - 열정적이고 외향적임(사회성)

공통점 탐색을 통한 나만의 징검다리 놓기

희망 직무	나만의 특성	직무요구 능력	공통점 탐색을 통한 직무 접합성 찾기

Work Sheet 7-01

희망직무에 적합한 나만의 경쟁력 있는 '나' 표현하기

지금까지 우리가 8단계에 걸쳐 살펴보았던 것처럼 '나'라는 상품이 '취업처'라는 시장에서 '딱 필요한', '적합한' 인재로 보이기 위해서는 8단계를 통해 분석한 나만의 경쟁력 있는 긍정요인을 바탕으로 희망직무에 나를 드러내 보일 수 있는 공통점 탐색을 통한 직무적합성을 바탕으로 나만의 경쟁력있는 경험 소개서를 채워보자.

성장과정

저는 _____ 환경에서 자랐습니다.

저는 언제나 _____ 생활을 했습니다.

저는 어려서부터 _____ 하다는 이야기를 듣곤 했습니다.

가족들은 저를 _____ 고 종종 이야기합니다.

친구들은 저를 _____ 고 합니다.

저는 학창시절에 _____ 을 맡아 _____ 역할을 했습니다.

저는 _____ 을 계기로 _____ 을 배우는 계기가 되었습니다.

저의 _____ 한 면은 _____ 을 하는데 도움이 될 것이라고 생각합니다.

성격의 장·단점

저는 _____ 한 긍정적인 면을 가지고 있습니다.

저의 _____ 한 면은 저로 하여금 _____ 생활을 하게 했습니다.

저는 _____ 활동 (또는 경험)을 했습니다.

저는 _____ 경험을 통해 _____ 을 배웠습니다.

저의 _____ 한 점은 _____ 을 하는 데 도움이 될 것이라고 생각합니다.

저의 가장 큰 결점은, _____ . _____

저는 _____ 한 이유로 _____ 실패한 경험이 있습니다.

그러나 이를 계기로 _____ 을 배웠습니다.

저는 저의 _____ 한 점을 보완하기 위해 _____ 노력하고 있다.

학창시절 및 주요 경험의 성공 또는 실패 사례

저는 학교를 다니면서 _____ 꿈을 꾸었습니다.

저는 그 꿈을 이루기 위해서 _____ 노력을 했습니다.

그래서 저는 그 노력의 결과로 _____ 결과를 얻을 수 있었습니다.

저는 전공 _____ 과목을 통해 _____ 을 배웠습니다.

이를 바탕으로 _____ 을 함에 있어 도움이 될 것이라고 생각합니다.

저는 _____ 한 상황에서 _____ 일을 한 적이 있습니다.

그 일은 _____ 어려움이 있어 힘들었던 기억으로 남아있습니다.

그러나 그 어려움을 극복하기 위해 _____ 했습니다.

이를 통해 저는 _____ 배우고 _____ 느꼈습니다.

8

직업정보의
탐색

SECTION INTRO

직업정보 왜 중요할까?

직업을 선택하는 것은 우리가 살아가면서 풀어야 할 가장 중요한 과제 중 하나일 만큼 중요한 문제이지만, 동시에 나에게 딱 맞는 직업을 찾아 이루는 것은 참으로 어려운 일이다. 이는 현실적으로 어느 정도 가능하면서 동시에 장기적인 목표를 가지고 달성할 수 있는 직업을 찾고 준비해야하기 때문이다.

그러므로 특정직업 만을 준비하기보다 자신의 관점을 가지고 상황에 빨리 적응할 수 있는 능력을 길러줄 수 있도록 경력개발 및 관리방안을 고려한 맞춤식 직업 정보의 탐색이 필요한 것이다. 내가 찾은 직업정보가 나의 특성에도 맞고, 동시에 비전이나 트렌드도 함께 고려될 수 있도록 보다 냉철하고 신중한 직업정보의 탐색이 필요한 것이다.

직업이란 선택의 문제이지 선악이나 정오(正誤)의 문제가 아니다. 아무도 모르는 길을 자신이 만들어가는 것이고, 그 길이 즐거운 여행이 될 지 아니면 불행한 여행이 될지만이 판단의 기준임을 명심하면서 다음의 세 가지 범위에서 직업정보의 탐색의 중요성과 의미를 살펴보고자 한다.

첫째. 노동시장의 세분화된 정보에 주목해야 한다.

● 진로 및 직업선택이 어려운 첫째 원인은 직업에 관한 정보의 부족이다. 정보가 부족하니 자기가 잘 해낼수 있을지 자신이 없게 되고, 선택을 더욱 어렵게 만든다. 직업에 대한 관심 또한 정보의 부족과 관련이 있다.

● 다양한 정보 접근방법을 통해 구체적으로 각 직업들이 어떻게 세분화되어 있는지 실제로 현장에서 그 일을 하기 위해서는 어떤 준비가 필요한지 등을 수시로 체크해야 한다.

둘째. 업계 혹은 업,직종 중심의 다양한 구직(처) 정보에 주목해야 한다.

● 우리나라에 1만 5천여 가지의 직업이 있다고 하지만 대학생들이 알고 있는 직업의 수는 100가지 아니! 10가지를 넘기기 어려운 것이 현실이다. 이런 상황에서 대학생들이 가장 많이 염두에 두고 있는 직업은 남녀를 불문하고 안정적인 공무원, 여대생의 경우는 스튜어디스와 비서, 호텔, 관광 등이거나 하려고 하는 일보다는 직장 즉 특정기업 중심의 선택으로 귀결되는 것이 대부분이다.

세째. 확보된 정보를 바탕으로 구체적인 구직(여건) 정보에 주목해야 한다.

● 현실적으로 어느 정도 가능하면서 동시에 장기적인 목표를 가지고 달성할 수 있는 직업을 찾고 준비해야 한다. 본인이 하고자 하는 일(직무)을 중심으로 채용공고를 유심히 살펴보면 회사의 규모별로 혹은 지역별로 유사한 업종별로 필요로 하는 요건들이 조금씩 달라진다.

● 이렇게 살펴본 구체적인 정보가 내가 남보다 빨리 준비할 수 있고, 현장에 빨리 적응할 수 있는 능력을 길러줄 수 있는 경력개발 및 목표관리의 기본이 되는 것이다.

NEWS BRIEFING

구직자 10명 중 9명
"취업준비 점점 더 어려워져..."

취업준비가 어려워지고 있다고 느끼는 이유 (단위 %)

기업마다 준비해야할 것이 달라서	45.2
준비해야할 것들이 많아서	41.9
제대로 준비하고 있는지 확신이 없어서	39.5
뭐부터 준비해야할지 몰라 막막해서	35.7
너무 자주 바뀌는 것 같아서	14.9

취업준비 시 어려움을 느낀 부분 (단위 %)

기업별로 다른 조건 갖추기	60.8
새로운 유형의 자기소개서 항목	42.2
여러 단계로 진행되는 면접 준비	41.4
난이도 높아진 인적성 검사 유형	26.1
스토리텔링 소재발굴	23.5

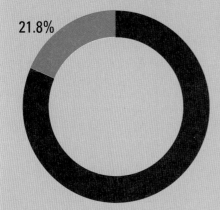

21.8%

78.2%
전형준비가 어려워
입사지원 자체를
포기한 경험이 있다.

구직자 10명 중 9명인 93.7%는 취업 준비가 점점 더 어려워지고 있다고 느끼고 있었다.

어려워지고 있다고 느끼는 이유로는 45.2%가 '기업마다 준비해야 할 것이 달라서'라고 답했다. 이어 '준비해야 할 것이 많아져서'(41.9%), '제대로 준비하고 있는지 확신이 없어서'(39.5%), '뭐부터 준비해야 할지 몰라 막막해서'(35.7%), '너무 자주 바뀌는 것 같아서'(14.9%) 등의 이유를 꼽았다.

취업 준비 시 어려움을 느낀 부분으로는 '기업별로 다른 자격조건 갖추기'라는 응답이 60.8%로 가장 많았다.

다음으로 '새로운 유형의 자기소개서 항목 작성'(42.2%), '여러 단계로 진행되는 면접 준비'(41.4%), '난이도 높아진 인적성검사 유형 대비'(26.1%), '스토리텔링 소재 발굴'(23.5%) 등의 순이었다.

또, 78.2%는 전형 준비가 어려워서 입사지원 자체를 포기한 경험이 있다고 밝혔다.

(동아일보, 2014. 10. 13 기사 발췌)

직업정보의 흐름과 단계에 대한 이해

지금까지 우리는 직업선택을 함에 있어 자기이해를 바탕으로 직무(직업)에서 요구하는 특성과의 적합성을 기준으로 사회진출의 방향을 정했다.

최근 역량기반 채용이 트랜드가 되면서 기업마다 혹은 직무에 따라서 요구하는 역량들이 다양화 되면서 서로 다른 조건을 갖추느라 애를 먹고 있다는 내용의 기사에서도 살펴보았듯이 이제는 좀 더 세분화되고 전문화 된 정보를 통해 저학년 시기부터 체계적인 자신의 경력개발을 해나가기 위해서는 '직무 - 트랜드 - 직장(취업처) - 업종'의 흐름을 기반으로 탐색된 정보를 바탕으로 다음의 4단계에 따라 단계별로 필요한 정보를 기반으로 접근하는 방법도 충분히 고려해 보아야 한다.

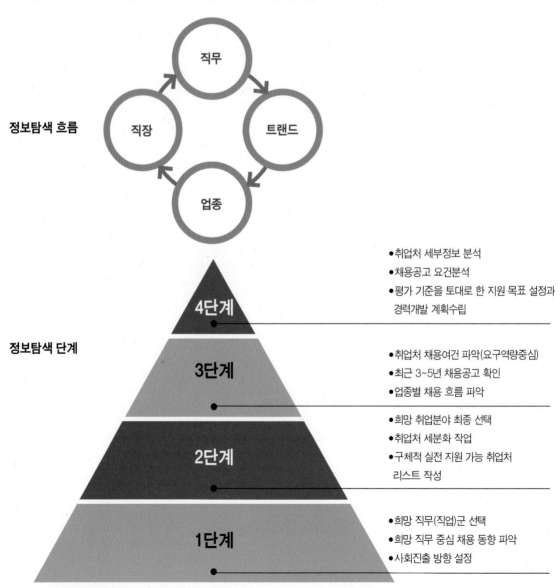

취업시장의 트랜드를 읽어라

각종 취업포털 사이트, 경제동향자료, 최신 뉴스 등을 통해 채용시장 동향에 대한 정보를 접할 수 있다.
(업종별 경기동향, 채용수요, 전년 대비 증감, 채용시기와 규모...)

최신 뉴스나 취업관련 까페, 사이트 등을 통해 최근 취업시장에서 기업들이 지원자 선발에 있어서 중점을 두고 있는 사항 등 구체적인 취업준비에 필요한 정보를 접할 수 있다.

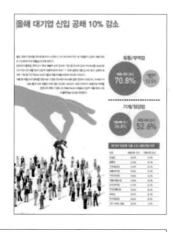

올해 상반기 500개 상장사의 업종별 채용 수요를 조사한 결과... 업종별로는 OO한 특성을 보이고 있으며...
(업종별 특이사항)

중소기업 채용수요, 외국계 기업, 공사 채용수요까지 파악이 가능하다.

MAIN THEME 1

직업정보 어디서 찾을까?

온라인을 통한 직업정보 탐색

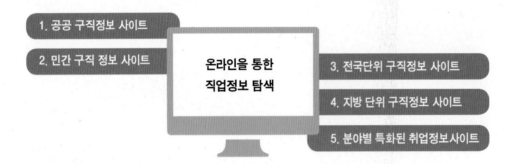

1. 공공 구직정보 사이트
2. 민간 구직 정보 사이트

온라인을 통한
직업정보 탐색

3. 전국단위 구직정보 사이트
4. 지방 단위 구직정보 사이트
5. 분야별 특화된 취업정보사이트

1. 포털사이트의 분류

구직자들은 취업을 위한 정보 탐색을 주로 노동부에서 운영하고 있는 취업포털 사이트 워크넷이나, 민간 취업포털 사이트를 통해 하고 있다. 이들 인터넷 사이트에는 거의 매일 실시간으로 전국의 구인공고가 게제되고 있다.

지역별, 업종별로도 검색이 가능하니 본인이 취업을 원하는 지역이나 업종의 최신 구인공고를 바탕으로 임금수준이나 채용시 중점적으로 보는 부분 등의 정보를 취합해 나가면 된다. 다만 구직 준비가 아직 덜 되어 있다면 업종별 단체 홈페이지나 기업 자체 홈페이지가 있는 경우 해당 기업의 홈페이지를 방문하면 기업에서 원하는 인재의 상세한 스펙 정보를 접할 수 있다

2. 분류별로 다양한 온라인 직업정보

요즘은 취업과 관련한 동아리나 인터넷 커뮤니티, 블로그, 카페 등이 무수히 존재한다. 이곳에도 유용한 정보들이 무수히 있다. 이런 곳에서 이미 나보다 앞서 간 선배들의 성공담과 실패담을 잘 분석해보면 멘토를 만나는 것 이상의 정보들을 얻을 수 있다. 특히 이러한 실제 사례를 통해 정보들을 탐색하는 것은 어쩌면 가장 현실적이고도 실천 가능한 정보와 지침을 얻을 수 있는 장이므로 이러한 방법 또한 활용해 보도록 하자.

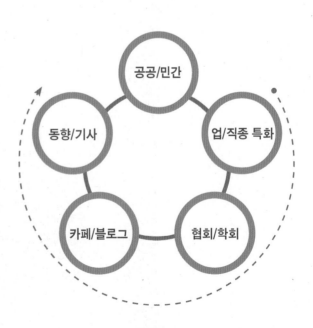

공공/민간

업/직종 특화

동향/기사

카페/블로그

협회/학회

대표적인 온라인 취업포털(전국)

노동부(워크넷)	www.work.go.kr
잡코리아	www.jobkorea.co.kr
인쿠르트	www.incruit.co.kr
커리어	www.career.co.kr
사람인	www.saramin.co.kr
에듀스	www.educe.co.kr

지역별 온라인 취업포털(지자체 운영 사이트 포함)

서울일자리플러스센터	http://job.seoul.go.kr
경기일자리센터	http://www.intoin.or.kr
인천종합일자리지원센터	http://www.incheonjob.org
대전광역시일자리지원센터	http://www.job114.or.kr
대구일자리센터	http://www.dgplusjob.com
부산청년일자리센터	http://www.yesbepa.kr
광주일자리종합센터	http://www.ilmani.kr
충남일자리종합센터	http://www.cnjob.or.kr
충북일자리지원센터	http://cbwork.cb21.net
전라남도 일자리종합센터	http://job.jeonnam.go.kr
전라북도 일자리센터	http://www.1577-0365.or.kr
경상남도 일자리종합센터	http://work.gsnd.net
경상북도 일자리종합센터	www.gbjob.or.kr

대표적인 업·직종 특화 사이트

정보통신 분야	게임잡 www.gamejob.co.kr	컴퓨터게임, 애니메이션 관련 취업사이트
	PJOB www.pjob.co.kr	프로그래머 전문 아웃소싱 업체
	HT컨설팅 www.htconsulting.co.kr	정보통신분야 취업정보제공
	e랜스닷컴 www.elancer.co.kr	프리랜서를 위한 각종 인터넷 프로젝트 정보 제공
	뉴랜서 www.newlancer.com	IT관련 취업정보제공
일반사무직 분야	어카운팅피플 www.accountingpeople.co.kr	회계, 재무, 세무, 경리 분야 특화 취업사이트
(회계/재무)	사무잡 www.samujob.co.kr	사무직관련 취업사이트
	어카운팅피플 www.accountingpeople.co.kr	재경직 전문 취업사이트
언론/미디어 분야	미디어잡 www.mediajob.co.kr	신문, 잡지, 출판, 방송, 영화, 이벤트, 광고, 홍보, 인터넷
		방송국, 잡지사, 광고/디자인등 매스컴 관련 취업정보 제공
	광고정보센터 www.adic.co.kr	광고 관련 뉴스 및 취업정보 제공
교육 분야	티엔티잡 www.tntjob.co.kr	강사, 교사 취업포털사이트
	훈장마을 www.hunjang.com	학원강사 및 과외교사 전문 취업사이트
	하이브레인넷 www.hibrain.net	대학교수 및 연구직 공무원 전문 취업사이트
건설, 건축 분야	워커 www.worker.co.kr	건설건축분야 취업사이트
	콘잡 www.conjob.co.kr	건설건축분야 취업사이트
외국계/해외 분야	차이나통 www.chinatong.net	중국관련 구인구직 사이트
	피플앤잡 www.peoplenjob.com	외국기업 취업전문사이트
	한국산업인력공단 해외취업시스템 www.worldjob.or.kr	해외취업관련정보 제공
패션, 디자인 분야	패션워크 www.fashionwork.co.kr	패션분야 취업전문사이트
	잡정글 job.jungle.co.kr	디자인분야 취업전문사이트

기타 온라인 취업정보(블로그 및 까페 정보)

1. 협회 및 학회 직업정보 활용하기
- 한국상담심리학회, 한국 광고협회, 대한임상병리사협회, 대한건설협회, 한국건설기술인협회 등 관련 구인 구직 정보

2. 블로그 및 온라인 까페 활용하기
- 일반 취업준비를 위한 정보공유 까페 (취업 뽀개기, 독취사 등)
- 특정업종/기업 취업준비를 위한 온라인 까페 (독금취사, 삼성취업대비 등)
- 전문직(변리사, 노무사, 법무사 등) 준비를 위한 까페
- 특정 스펙 준비관련 온라인 까페 (토익, 토익 스피킹, HSK, NPT 등)

오프라인을 통한 직업정보 탐색

인터넷에 정보가 부족하더라도 포기하지 말고 주위 인맥을 총동원해서라도 관련 분야에 종사하는 사람을 찾아보고 전화나 인터뷰까지 해보는 적극성
을 발휘해야 한다.

최근 각 대학들은 재학생들의 취업역량을 높이기 위해 안간힘을 쓰고 있다.

진로, 취업캠프, 모의면접, 모의토익, 취업대비 교양강좌 개설, 입사서류 작성 클리닉, 산학협력을 통한 학과 역량 강화, 각 기업 인사담당자들이 대학
현장에 와서 진행하는 입사설명회 등...

취업에 도움 될 만한 여러 가지 사업들을 거의 종합 선물세트처럼 구비해 놓고 학생들의 참여를 기다리고 있는 실정이다

MAIN THEME 2

직업정보 어떻게 찾을까?

1. 취업 포털사이트 100% 활용하기

취업준비 단계별로 필요한 정보에
접근할 수 있다.

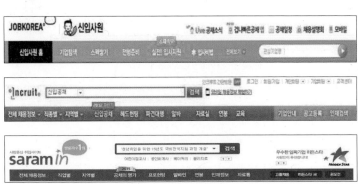

각 종 취업포털 사이트는 상단 메뉴를
중심으로 접근해 보자!!
(특히 대학 저학년 학생들에게 필요한
자료 중심으로 각 사이트별로 유용한
메뉴들은 미리미리 체크하는 습관이
중요하다)

취업사이트 별로 특성에 따라 여러 가지
특화된 정보를 제공하고 있다.
이러한 정보를 미리 살펴보면 자신의
준비 분야에 맞는 정보에 접근하기가
용이하다.

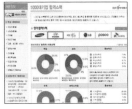

준비 수준과 관련한 스펙관련 정보가
실제 지원기업을 가정하여 현재 자신의
수준별 위치를 인포그래피를 통해
보여줌으로써 나의 역량 준비 수준을
체크할 수 있다.

2. 정보를 통한 합리적인 대안마련

1) 각종 국가고시 준비하기
- 사이버 국가고시 센터 (http://www.gosi.go.kr)
- 국가공무원 시험(9급~5급) 안내에서 원서접수, 면접, 임용,
  시험문제, 답안 등 안내

2) 자격증을 통한 전문직 진출하기
- 한국산업인력관리공단 국가전문자격 홈페이지
  (http://www.q-net.or.kr)
- 각종 기능자격에서 전문자격까지 자격안내에서 원서접수,
  시험문제, 답안, 국내·외 민간자격 등 안내

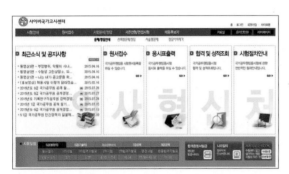

3) 더 큰 꿈을 위한 선택 (대학원)
- 대학알리미 홈페이지(http://www.academyinfo.go.kr)
- 대학원 개설현황 및 전공, 정원, 등록금 등
  고등교육기관(대학(원))의 기본운영 상황 및
  교육연구여건에 관한 주요정보 등 안내

4) 졸업 후의 선택 (임시직/인턴)
- 취업포털 홈페이지 채용정보 내 인턴전문 분류 (사람인,
  잡코리아, 커리어, 인크루트 등)
- 인턴 채용공고 및 지원 유의사항 등 활용

5) 취업의 또 다른 대안 (청년창업)

중소기업청 청년창업사관학교

서울시 청년창업센터

소상공인 진흥공단

Work Sheet 8-01

정보탐색 결과 정리하기

구체적인 기업탐색, 업종별 탐색, 채용동향 자료 등을 바탕으로 설정한 나의 관심직장과 희망직업을 비교항목에 따라 비교해 보면서 본인이 생각하는 직업 및 직장과 나의 특성과의 비교, 전문성과 더불어 전공과의 일치여부 등을 통해 가중치를 매겨가면서 성공가능성에 대해 고민해 봅시다.

8

직장 및 희망직업 목록 / 비교항목		관심직장 희망직업(예시) 서울시(지방직) 공무원	관심직장 희망직업(예시) ○○주식회사 회계직	관심직장 희망직업	관심직장 희망직업
직무 내용	전문성 여부	10%	20%		
	자기특성과 관련 여부	30%	20%		
	숙련도	10%	10%		
필요한 자질	적성	30%	30%		
	흥미	15%	30%		
	가치관	5%	20%		
요구되는 역량	요구 자격	30%	30%		
	요구 역량	20%	40%		
	준비 방법	30%	10%		
전공과의 일치여부	계열 일치	5%	5%		
	세부전공과의 일치	5%	5%		
	융합적 일치(유사성)	5%	10%		
가능성	준비 방법 가능성	20%	20%		
최종판단(성공 가능성)		% 이유	% 이유	% 이유	% 이유

9

정보탐색 결과
활용과 합리적
의사결정 하기

SECTION INTRO

원효대사와 해골물 이야기

신라말기 원효대사는 의상대사와 함께 당나라로 향하던 길이었다. 그 당시는 편리한 교통수단이 없던 시절이고 더불어 당나라까지 가는 길에는 고구려 국경을 넘어야 했으므로 많은 사람들이 길고 험난한 여정에 지쳐 다시 돌아오곤 하던 길이었다. 어느 날 억수같이 소나기가 퍼붓던 날 두 스님은 어둑어둑해질 무렵에서야 잠잘 곳을 찾을 수 있었다.

피곤한 몸을 이끌고 길가 무덤가에서 잠이 들었다. 얼마나 잤을까 심한 갈증을 느낀 원효대사는 무의식중에 물을 찾느라고 손을 더듬었다. 웬 바가지 같은 것이 손에 잡혔다. 그 안에는 물이 흥건히 고여 있었다. 어둠 속에서 마신 그 물은 참으로 달고 시원하였다.

아침에 일어난 원효대사는 깜짝 놀랐다. 움막이라고 생각했던 곳은 무덤이었고 그가 마신 시원한 물은 해골에 고인 썩은 물이었던 것이다.

원효대사는 구역질을 해대다가 문득 머리 한쪽이 환하게 밝아오는 것을 느꼈다.

세상만사는 사람의 마음먹기에 따라 행복이 될 수도 있고, 괴로움이 될 수도 있다. 바로 마음속에 지옥과 천당이 있으며, 세상일은 마음먹기에 따라 다르게 보일 수 있다는 진리를 깨달았다.

신라시대 고승 원효대사 이야기 중 일부 각색

우리는 앞서 구체적인 취업처 탐색, 업종별 탐색, 채용동향 자료 등을 바탕으로 나의 관심 취업처와 희망직업을 나의 특성과의 비교, 전문성과 더불어 전공과의 일치여부 등을 통해 가능성을 탐색해 보았다. 이러한 과정에서 온-오프라인을 기반으로 다양한 정보를 활용해야 한다는 것을 깨달 았을 것이다.

하지만 수 많은 좋은 정보가 있더라도 실행에 옮기기 위해서는 합리적인 결정을 내려야 하고,

또 결정을 내리더라도 실행과정에서 시행착오를 거치면서 또 다른 결정을 요구 받는 경우가 대부분이다.

따라서 효과적인 정보 탐색 방법을 바탕으로 합리적인 의사결정을 할 수 있는 준비와 더불어 실제적인 사회진출 계획안에서 좀 더 구체적인 취업처 설정과 이를 위한 업종정보 탐색을 해보도록 하자.

MAIN THEME 1

합리적 사고의 필요성과 진로의사결정의 중요성 알기

원효대사의 일화에서 살펴본 합리적 사고와 비합리적 사고

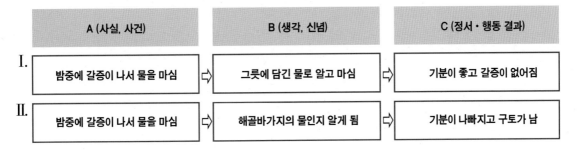

A (사실, 사건)	B (생각, 신념)	C (정서·행동 결과)
I. 밤중에 갈증이 나서 물을 마심	그릇에 담긴 물로 알고 마심	기분이 좋고 갈증이 없어짐
II. 밤중에 갈증이 나서 물을 마심	해골바가지의 물인지 알게 됨	기분이 나빠지고 구토가 남

원효대사의 깨달음에 대한 일화는 너무나 유명한 이야기이다. "해골에 담긴 물은 오늘 구역질 할 때나 어젯밤 달게 마실 때나 아무것도 달라진 것이 없는데, 그렇다면 무엇이 이 물을 어제는 달다고 느끼게 했고 오늘은 구역질이 나게 하는 것일까?" 하는 생각끝에 "그렇다. 어제와 오늘에 달라진 것은 내 마음과 내 생각뿐이다."라는 큰 깨달음을 얻게 되었다고 한다. 그 이유가 뭘까?

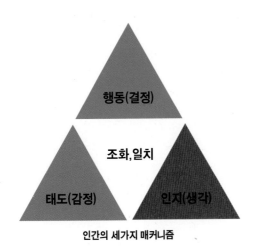

인간의 세가지 매커니즘

Abrams & Ellis(1994)의 이론에 따르면, 생각, 정서, 그리고 행동은 서로 밀접한 영향을 주고받으며, 특별히 비합리적 신념은 가치나 목표의 달성을 방해하는 행동상의 문제를 유발하는 데 있어 중요한 역할을 하고 있는 것으로 보았다.

비합리적 신념들 가운데 특별히 진로 영역에 대한 자기 신념은 개인의 포부와 행동에 지대한 영향을 미치며, 부정확한 자기관찰과 세계관의 일반화는 의사결정과정에 지대한 방해요소가 된다. (Mitchell & Krumboltz, 1990)

그래서 이러한 비합리적 진로 신념을 가진 이들은 의사결정 회피, 미결정, 무력감과 우울, 흥미저하, 진로준비활동 방해 등을 야기하는 진로문제해결과 진로의사결정을 더 어렵게 만드는 경향이 높으며, 행동(예: 과제를 완성하지 못함), 정서(예: 우울과 불안), 언어적 표현(예: 부정적 진술) 등으로 나타난다고 하였다.

그러므로 자신의 비합리적 진로 신념을 찾아보는 것은 매우 중요하며, 이러한 비합리적 신념들은 대체로 아무런 근거도 없으면서 건전한 인간 행동을 지속하는데 지장을 초래하므로, 빠른 신념의 전환이 필요하다.

ΛBC 이론을 통해 본 합리적 사고의 필요성

사람들이 경험하는 정서적 혼란이나 행동적 결과(C)는 구체적인 상황이나 사실(A) 때문이 아니라, 그가 가지고 있는 비합리적 생각(B)으로 인한 것이다. 즉 어떠한 상황이나 사실 때문에 우리의 느낌이나 행동이 결정되는 것이 아니라, 우리가 가지고 있는 은연중의 생각이나 가치관들에 의해 결정되는 것을 말한다.

다음의 예시를 통해 동일한 사건이나 상황(Activating event or experience) 앞에서 합리적인 생각(rational Belief)을 가지거나 비합리적인 생각(irrational Belief)을 가질 때, 그 결과 또한 부적절한 결과(undesirable Consequence)나 적절한 결과(desirable Consequence)의 행동과 정서가 도출됨을 알 수 있다.

A (사실 : 사건, 상황)

진로-취업 역량개발 교과목 수강신청을 하고 수업을 온 첫 개강일이다.

⇩   ⇩

iB (비합리적인 생각)	**rB (합리적인 생각)**
다른 수월한 과목도 있는데, 괜히 신청한 거 아닌지 몰라. 이런 거 고민 안 해도 적당히 골라서 준비하고 취직하면 되는데…….	열심히 하면 나에게 분명 도움이 될 거야. 기왕 수강 신청했는데, 열심히 해서 내 인생에 도움이 되는 좋은 성과를 거두어야지

⇩   ⇩

udC (결과 : 부적절한 정서와 행동)	**dC (결과 : 적절한 정서와 행동)**
정서 : 부담스럽고 귀찮고 하기 싫다 행동: 수업과 과제에 적극적으로 참여하지 않고 대충 한다.	정서 : 기대감과 열정이 생긴다. 행동 : 수업과 과제에 적극적으로 참여하여 자신의 진로를 계획하고 준비한다.

위의 그림은 여러분이 교양과목인 이 수업을 수강하면서 느꼈을 법한 상황을 가정해서 개인적으로 가졌던 비합리적인 사고와 합리적인 사고의 결과가 어떤 결과를 초래하는지 보여주는 사례이다.

아래의 작업을 통해 ABC 이론을 바탕으로, 최근 나에게 있었던 학업이나 장래직업 등 진로, 취업과 관련한 나의 모습들을 돌아보고 자신의 비합리적 생각들을 정리해 본 다음, 아래의 예시를 보고 빈칸에 맞추어 적어보자.

작업) 진로 선택 및 취업 준비와 관련한 나의 비합리적 생각 찾기

1. 자신의 진로, 취업에 대해서 가지고 있는 비합리적 생각들을 구체적으로 적어봅시다.

2. 왜 비합리적인 생각이라고 생각하는지 그 이유를 간단히 적어봅시다.

3. 그렇다면 나에게 도움이 되는 합리적인 생각으로 바꾸어 적어봅시다.

진로의 의사결정의 중요성

<작업> 간단한 의사결정 훈련

예) 눈을 뜨니 08시 30분. 우리 집에서 학교까지는 버스로 40분이 걸린다. 한데 9시, 1교시에 중요한 수업이 있다면 나는 어떻게?

일상에서 만나는 의사결정 요구

작게는 점심시간, 학생식당 식권 판매대 앞에서의 고민, 곧 "짜장면을 먹을까, 짬뽕을 먹을까?" 하는 의사결정의 순간이 있다. 그런가 하면 크게는 내 인생을 좌지우지하는 중요한 결정의 순간, 곧 대학 선택, 직장 선택, 결혼 선택 등을 결정해야 하는 의사 결정의 순간들도 있다.

이처럼 매일 매일 닥치는 선택과 결정의 상황에서 겪게 되는 많은 문제들과 그 결정으로 인한 결과들을 우리는 삶 안에서 수도 없이 맞이한다. 그러나 사실 무언가를 결정하는 일은 그 결정의 유효기간에 따라 때로는 우리 인생에 있어서 많은 부분에 지대 한 영향을 줄때가 많기 때문에, 무엇보다도 신중하고 훌륭한 의사결정 기술을 익힐 필요가 있다.

1~2일

3~5년

60년

선택과 결정의 상황은 여러 모습으로 다양한 분야에서 일어나지만 여러분의 사회진출과 관련한 진로의사결정 만큼 중요한 것도 없다. 대학생들의 진로의사결정에서 늘 맞닥뜨리는 문제가 바로 '~히고 싶다"는 일종의 소망(바램)과 '~가능하다'라는 일종의 가능성 사이에서 겪게 되는 갈등이다. 앞에서 시행한 합리적인 의사결정을 방해하는 여러 가지 많은 문제들과 의사결정에서 주도적이지 못한 이유로 우리는 쉽게 타협하지 못한다. 그러나 이제는 객관적이고 정확한 정보탐색과 주도적인 의사결정에 필요한 다양한 대안들을 바탕으로 취업처 선택과 더불어 희망하는 분야를 '최고의 선택'이 아닌 '최선의 선택'을 할 수 있도록 더욱 구체적이고 폭넓은 정보로의 확장이 필요하다.

선택에서의 타협의 불가피성

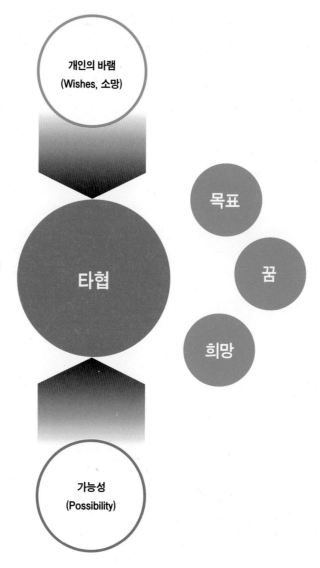

개인의 바램
(Wishes, 소망)

목표

꿈

타협

희망

모든것을 만족시켜주는
진로대안은 존재하지 않기 때문에
진로의사결정에서는 반드시
타협이 필요하다!!!

가능성
(Possibility)

〈작업〉의사결정 방해요인 찾기

의사결정의 주체인 자신의 의지와 상황을 고려하여 만족스럽게 의사결정을 한다면 우리는 효과적으로 계획하고 실행할 수 있다. 그러나 이러한 만족스러운 의사결정을 방해하는 다양한 요인들이 있기 마련이다.

이러한 만족스러운 의사결정을 방해하는 다양한 요인들을 정확히 알고, 이에 대처하지 못하면 우리는 늘 불만족스러운 의사결정을 이룰 수밖에 없으며, 이는 곧 전폭적인 자기지지를 이끌어내어 효과적으로 실행하기 어려운 결과를 낳는다. 그러므로 아래의 작업을 통하여 자신의 만족스러운 의사결정을 방해하는 요인이 무엇인지를 찾아보도록 하자.

	요인들	의사결정을 방해하는 요인이라 생각하는 이유
외적 요인	예시) 취업난	뉴스나 여러 경로를 통해 들리는 이야기로 인해 자꾸 의기소침해 지고 걱정이 앞선다.
내적 요인	예시) 자신감결여	'내가 할 수 있는 일이 무엇인가?' 라는 생각이 자주 들곤 한다.

팔굽혀 펴기 10번의 의미

SK하이닉스의 인성면접에서 일어난 일이다. 한 지원자가 인성면접 시작 후 말없이 면접관들 앞에서 팔굽혀 펴기를 10번 했다. 그리고 이 지원자는 "SK하이닉스는 24시간 공장이 돌아가는 회사. 그래서 밤 새워 일할 체력을 준비해왔다"고 말해 호응을 얻었다.

여기서 중요한 것은 '팔굽혀펴기가 주는 신선함'이 아니다. SK하이닉스의 반도체 공장이 24시간 돌아간다는 업종의 특징을 미리 파악하고 이에 대한 열정과 애정을 보여준 것이 핵심이다. 만일 공장이 24시간 가동된다는 점을 이야기하지 않고 밤 새워 일할 체력만 뽐냈다면 지원자는 관심을 끌지 못했을 것이다.

이 기업의 인사담당자는 "회사에 대한 관심을 가지고, 조직 안에서 '협업할 수 있는 사람'임을 보여주었던 부분이 좋게 평가되었다"고 말했다.

반도체는 손톱보다 작지만 규모가 큰 산업이다. 임직원의 숫자도 기타 업종보다 상대적으로 많고 그만큼 조직도 크고 다양하다. 큰 조직일수록 협업이 중요하다. 같은 목표를 이루기 위해 각자가 맡은 일을 제대로 수행해야 하기 때문이다. 그래서 혼자 주장이 너무 강해서 다른 사람들과 함께 일하는 것이 어려운 사람은 선호하지 않는다. 같은 곳을 바라보고 함께 일할 줄 아는 인재를 필요로 한다.

(조선일보 2015.07.01.기사 중 발췌)

위의 기사를 살펴보면 면접장에서 호기있게 팔굽혀 펴기를 한 이유와 그 배경이 반도체 업종의 특성을 잘 이해하고 또 지원하는 취업처(기업)의 특성을 잘 파악한 것에 있다는 것을 확인할 수 있을 것이다. 지금까지 내부적인 요인을 기준으로 정보탐색에 머물렀다면 외부적인 환경을 바탕으로 좀 더 가능성 있는 의사결정을 할 수 있도록 정보탐색의 범위를 확장해 나가야 해야 할 것이다.

MAIN THEME 2

직업정보 탐색, 취업처로 확장하기

1. 관심 취업처 탐색을 통한 직업정보의 확장

1) 취업처 정보 탐색 일반

개별 취업처의 홈페이지를 통해 주요 인재상, 경영이념, 채용과 인사제도 등을 확인할 수 있다.

2) 취업처별 특성정보 탐색

개별 취업처의 홈페이지에 있는 사업분야, 계열사 정보, 보유기술 및 주력사업을 통해 취업처의 주요사항을 확인할 수 있다.

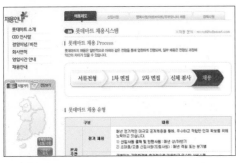

3) 취업처별 취업프로세스 정보

인사제도, 채용프로세스 및 채용공고, 인턴이나 수시모집, 인재풀 등록 등 채용과 관련한 정보도 확인 가능하다.

4) 강소기업 정보

우리가 알고 있는 이름 있는 취업처 뿐 아니라 경쟁력 있고 임금이나 근로자 복지가 그에 못지않은 취업처 정보로도 확장할 필요가 있다. (워크넷 www.work.go.kr 내 강소기업, 커리어 히든 챔피언 등)

2. 업종(산업) 탐색을 통한 직업정보의 구체화

1) 일반적인 업종정보 (업종분류의 틀)

취업 포털 사이트의 상위 메뉴에 있는 "업종별" 메뉴를 클릭하면 우리나라 국가산업분류 표준에 따른 업종 분류를 확인해 볼 수 있다.

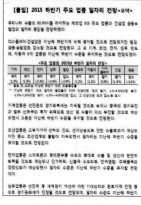

2) 업종별 채용동향 정보탐색

고용노동부 산하 한국고용정보원 (www.keis.or.kr)에서는 10년 단위의 중장기 인력수급전망을 통해 노동시장 전망, 산업별 · 직업별 · 학력별 · 연령별 세분화된 인력수요 전망을 안내하고 있다

3) 업종별 정보탐색 확장

고용노동부 산하 한국고용정보원 (www.keis.or.kr)과 산업통상자원부 산하 한국산업기술진흥원 (www.kiat.or.kr)은 반기별 "업종별 채용 동향"을 통해 채용동향 및 업종, 경기동향 자료를 제공하고 있다.

우리는 이제 일반적인 정보탐색 방법을 바탕으로 더욱 구체적인 관심 취업처 정보와 미처 고려해 보지 못했던 취업처 정보까지 활용할 수 있는 방법과 더불어 주요 관심 취업처가 속해 있는 분야(업종)의 특성과 앞으로의 전망, 해당 분야에서 필요로 하는 특성, 일자리 환경 정보까지 살펴보았다.

FINALI-ZATION

합리적 의사결정이 미래를 바꾼다

이제 더욱 확장된 정보를 바탕으로 사회진출을 위한 의사결정을 해보자.
아래의 그림은 사회진출을 위한 진로의사결정에 있어서 합리적인 의사결정 구조를 나타낸 것이다.
앞서 우리는 나의 특성 키워드와 직무 요구특성을 참조하여 의사결정 대상을 확정해 보았고, 정보탐색 결과로 알게 된 내·외적 특성을 기반으로 여러 가지 복수의 대안을 찾아내고 이들을 비교 분석하여 의사결정에 방해되는 요인들을 배제하고 합리적인 의사결정을 할 수 있는 방법들을 준비해 온 과정들을 확인할 수 있다

합리적 의사결정 프로세스

합리적인 의사결정이란 합리적인 의사결정 과정에 따라서 진로나 일상의 결정상황에서 결정을 하는 것을 말한다. 다시 말하면 다른 사람의 의견에 휘둘리거나 감정적으로 의사결정을 하기 보다는 자기 자신과 상황에 관계되는 중요한 요인들을 최대한 깊이 생각하고 고려하여 의사결정을 하는 것을 의미한다.

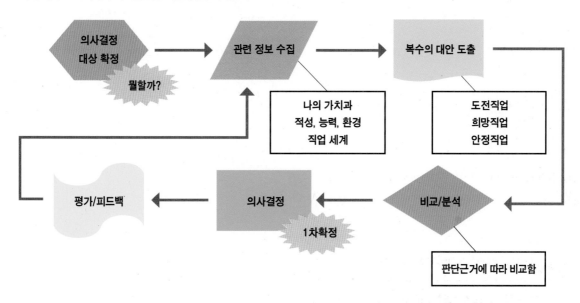

SWOT 기법을 활용한 전략적 의사결정

합리적인 의사결정 프로세스를 통해 의사결정에 이르는 단계 중 비교/분석의 단계와 평가/피드백의 단계는 특히나 일자리 환경의 변화요인에 따라 전략적인 접근이 필요하다.
따라서 SWOT 기법을 외적요인(환경)에 따른 전략수립 방법을 활용하여 더욱 구체적이고 전략적인 접근을 할 수 있다.

외부 환경요인 (기회요인, 위협요인)을 바탕으로 한 전략수립

강점 Strength 자기자신의 내부적 강점	약점 Weakness 자기자신의 내부적 약점
기회 Opportunity 기회가 되는 외부적 요소	위기 Threat 위협이되는 외부요소

〈작업〉외부 환경요인(기회요인, 위협요인)을 바탕으로 한 전략 수립하기

Strength	**Weakness**
• 적극적이고 활발한 성격	• 평범한 토익 점수 및 회화 부족
• 다양한 아르바이트 경험	• 약간 우유부단한 성격
• 공모전 입상 경력	• 인턴 경력 없음
• 높은 기획력 및 직무 이해도	• 자격증이 없음
• 자기소개서 작성 요령	• 컴퓨터 활용 능력 부족
• 해외 배낭 여행 경험	• 평범한 학점
• 높은 독서량 및 상식	• 비전공 분야에 도전
• 다양한 관심 분야	
• 면접 및 인터뷰 능력	

Opportunity (예시)

- 대기업 채용 확대
- 마케팅과 기획력 중시
- 자기소개서 비중 확대
- 면접 비중 확대
- T자형 인재 선호
- 비전공자들의 마케팅 도전의 증가

취업처의 취업에 도움을 주는 주변 환경 중 기회요소

-
-
-
-
-
-
-

Threat (예시)

- 유래없는 취업난
- 경력직 위주로 채용하는 마케팅 부서의 특성
- 타 부서에 비해 적은 연봉
- 높은 스펙을 가진 경쟁자들
- 공모전 입상의 메리트가 줄어 듦

취업처의 취업에 방해가 되는 주변 요소

-
-
-
-
-
-
-

전략도출 방법

1. SO : 강점을 가지고 기회를 살리는 전략 (공격적 전략)
2. ST : 강점을 가지고 위협을 회피하거나 최소화하는 전략 (다양화전략)
3. WO : 약점을 보완하여 기회를 살리는 전략 (방향전환전략)
4. WT : 약점을 보완하면서 동시에 위협을 회피하거나 최소화하는 전략 (방어적 전략)

Work Sheet 9-01
직업정보 탐색 결과 정리하기

인터넷을 통한 직업정보 탐색방법, 온라인 취업포털 관심분야 채용정보, 관심기업 홈페이지 분석의 방법을 통하여 살펴본 정보를 바탕으로 다음의 표에 기재되어 있는 구분에 따라 필요 요건들을 정리해 보면서 지금까지 내가 생각해온 다소 피상적인 준비방법 외에 어떤 요건들이 필요한지 탐색해 봅시다.

9

구분		예시) 홍길동 주식회사	예시) 00시 공무원		
모집 직무		인사관리	9급 일반 행적직		
필요 학력		4년제 졸	무관		
합격자 주요 학과		경영, 광고	무관		
자격증		6시그마, 컴퓨터관련, 유통관리	정보통신, OA 등		
임금수준		2,500~3,000	2400 ~		
복리후생		4대보험,육아지원, 해외연수, 자기개발지원	공무원 연금, 각 종 수당, 육아 휴직 등		
기타 우대사항		인턴 및 직장체험 우대	장애인, 기초생활 수급자		
전형방법		직무적성검사, 서류, 1차면접(팀장급), 2차면접(pt.임원)	공무원 고시 면접 전형		
채용 시기		3월, 9월	지자체별 고시		
제출서류 양식		자사양식/자율양식	응시 원서		
서류제출방법		온라인	우편, 온라인, 방문		
필요 서류		이력서, 자소서, 자격증 사본, 봉사활동 증명서	응시 원서		
합격자 주요5대 스펙	학점	3.7	무관		
	어학	680	무관		
	자격증(공통 +직무)	2개	무관		
	인턴	1개	무관		
	봉사/수상	20시간 이상 / 무관	무관		

Work Sheet 9-02

직업정보 탐색 확장하기

지금까지 살펴본 정보탐색 방법과 결과 정리하기를 통해 이제는 좀 더 구체적으로 희망 취업처(기업)를 정하고 가시적인 목표를 설정해 봄으로써 남은 대학생활 동안 경력개발 계획을 세워나갈 수 있도록 동직무 유사업종을 기준으로 구체적인 이유를 들어 관심 취업처를 선정해 봅시다.

	관심 직무	관심 업종	선택이유	관심 취업처
예시	인사/총무/노무	제조업(전기전자)	1.내수경기 활성화 정책으로 제조업경기 활성화 예상 2.경영상태, 채산성 BSI지수 109/101로 업종별 전망이 호전될 것으로 예상 3. 하반기 채용이 저조하여 2015년 상반기 대규모 채용예상 4. 인재상과 나의 특성 부합	1. OO 주식회사 2. OO 주식회사 3. OO 공사 4. OO 법인
1				
2				

10

효과적인 목표설정과
경력개발계획
기초놓기

SECTION INTRO

대기업 95.9% 구직자 '직무역량 테스트 하겠다!'

취업포털 인크루트(www.incruit.com 대표 이광석)가 국내 상장사 1700여 곳을 대상으로 채용절차에 직무역량 테스트를 포함하고 있는지를 물었다. 모두 706곳의 기업이 설문에 응답했다. 설문조사 결과, 응답한 기업의 76.6%가 채용절차에 직무역량 테스트가 포함돼 있다고 답했다. 국내 주요 기업들이 실무 현장에 빠르게 적응할 수 있는 실무 위주의 인재를 선호하게 되면서, 채용 과정에서 지원자의 직무역량을 면밀히 검토하기 시작한 것으로 볼 수 있다. 규모별로 살펴보면 대기업의 95.9% 중견기업의 78.6%, 중소기업의 69.7%가 채용과정에 직무 역량 테스트를 포함하고 있었다. 대기업이 중견, 중소기업보다 직무역량 테스트를 시행하는 것에 상당히 적극적인 것으로 보인다.

• 규모별 직무역량 테스트 포함 여부 (비율)

구분	포함	미포함	소계
대기업	95.9%	4.1%	100.0%
중견기업	78.6%	21.4%	100.0%
중소기업	69.7%	30.3%	100.0%
전체	76.6%	23.4%	100.0%

〈자료제공=인크루트(www.incruit.com) 1588-6577〉

• 업종별 직무역량 테스트 포함 여부 (비율)

구분	포함	미포함	소계
건설	87.0%	13.0%	100.0%
금융	80.0%	20.0%	100.0%
기계/철강/조선/중공업	67.6%	32.4%	100.0%
기타	76.5%	23.5%	100.0%
기타제조	74.4%	25.6%	100.0%
물류운수	71.4%	28.6%	100.0%
석유화학	78.5%	21.5%	100.0%
식음료	90.3%	9.7%	100.0%
유통무역	54.5%	45.5%	100.0%
자동차	78.7%	21.3%	100.0%
전기전자	77.5%	22.5%	100.0%
정보통신	81.6%	18.4%	100.0%
제약	88.2%	11.8%	100.0%
전체	76.6%	23.4%	100.0%

〈자료제공=인크루트(www.incruit.com) 1588-6577〉

업종별로 확인해 본 결과 식음료(90.3%), 제약(88.2%), 건설(87.0%), 정보통신(81.6%), 금융(80.0%) 업종이 구직자의 직무역량을 검토하는데 적극적이었다. 반면 기타제조(74.4%), 물류운수(71.4%), 기계/철강/조선/중공업(67.6%), 유통무역(54.5%) 업종 순으로 지원자의 직무역량 검토에 소극적인 모습을 보였다. 인크루트 관계자는 "업종별로 지원자에게 요구하는 직무역량의 종류나 그 기준이 다르기 때문에 시행하고 있는 정도에서는 차이가 있지만, 전체적으로 76.6%의 기업이 직무역량 테스트를 시행하고 있음을 감안할 때 앞으로 이 흐름은 더 확산될 것으로 생각된다"고 말했다.

(인크루트 보도자료 2015.02.09. 일부 발췌)

대학생들에게 취업을 위해 준비하는 것이 무엇이냐고 물어보면 대부분이 전공 학점, 외국어 시험 또는 자격증일 것이다. 학점이 중요하지 않고 외국어와 자격증 공부가 불필요하다는 것은 아니다. 하지만 필요 이상으로 그것에만 매진을 한다는 것이 문제이다. 기업이 채용조건에 제시한 학점과 외국어 능력을 갖췄다면, 그 이상의 점수를 받기 위해 애쓸 것이 아니라 대부분의 기업이 요구하는 역량의 관점에서 경력개발 요소를 찾아내고 이를 어떻게 이뤄야 할 것인가를 고민해야 한다.

기존의 기준에서는 능력에 대한 보유 측면에서 '우수하다' '논리적이다' 등 보유 속성의 우수성을 판단 기준으로 삼았다면, 이제 '역량'이라는 기준에 있어서는 이러한 속성적 우수성보다는 가지고 있는 것을 '어떻게 활용가능 한가?'라는 행위적 특성 측면에서 인재를 바라보게 된다는 사실을 명심하자.

NEWS BRIEFING

29살 문과 여대생, IT기업과 만나기까지…

삼성 SDS SCSA
(인문계 학생을 뽑아 6개월간 SW교육을 통해 양성 후 IT 실무인력에 배치하는 프로그램)에
최종 합격한 A씨 사례.

2014년 여름, 나는 1년간의 취업실패를 겪으며 29.5세로 취업을 하느냐, 못하느냐의 기로에 서 있었다. 학점, 영어성적, 제2외국어, 자격증, 인턴, 대외경험까지 뛰어난 건 없어도 특별히 뒤쳐질 것도 없는 스펙이었지만 1년간 지원한 70개 기업 중 내가 면접을 볼 수 있었던 곳은 단 두 곳 뿐 이었다. 29세 러시아어와 국제통상이 전공 여대생이란 것이 가장 큰 요인이었으리라고 판단했다.

내게 컴퓨터를 다루는 일은 낯선 경험이었지만 1달 반의 기간 동안 ERP 프로그램 습득에 매진했다. SAP ERP는 복잡해진 기업경영을 반영하여 구석구석까지 세심하게 설계…(중략)

ERP 수업을 들었던 10명의 친구들과 함께 기업분석 스터디를 구성했다. 2주간 30개의 기업분석 데이터를 공유할 수 있었고 서로의 분석노하우를 공유할 수 있는 좋은 경험이 되었다… (중략)

9월이 되어 지원서 작성에 돌입했다. 선배를 통해 ERP를 다룰 줄 알면 SM직무에서 가능성이 있음을 알게 되었기 때문에 SM, 즉 시스템운영 직무를 모집하는 모든 IT기업에도 지원했다. . 비록 개발언어는 모르지만 고객대응 능력과 경영학 지식을 통해 ERP 효율성을 극대화할 수 있다는 나만의 강점을 적극적으로 어필했다.

40개의 원서를 제출했으나 그 중 통과한 곳은 KTDS, 단 한 곳이었다. 그리고 기대치 않았던 SSAT가 통과해 삼성SDS까지, 총 두 곳의 면접을 볼 수 있었다. 면접을 본 두 기업 모두 나의 경험에 대해 주로 물어본 것이 인상적이었다.

이를 통해 기업과 산업에 대한 이해와 더불어 중요한 것이 자신의 관련 경험을 정리하는 것이라 느꼈다. 면접 기회가 주어진 곳은 단 두 곳이었지만 두 기업 모두 최종까지 합격할 수 있었다.

ERP 공부를 시작할 때만 하더라도 IT산업 쪽으로는 욕심을 내지 못했다. IT산업에 대한 관심은 있었지만 프로그램 언어도 모르는 내가 ERP 조금 배웠다고 넘볼 수 있는 곳이 아니라고 생각했다.

그러나 결과적으로 ERP와 PM 공부를 한 것이 결정적 한 방이 되었다. 이를 통해 면접장에서 IT에 대한 나의 관심을 설득할 수 있었기 때문이다.

(정책브리핑, 2015-08-06 중 일부발췌)

위의 사례를 통해 볼 때 A씨의 취업성공에는 다양한 노력이 있었지만, 그 중에서도 특히 직무와 업종에 대한 이해의 폭을 바탕으로 필요자격과 목표취업처에서 필요로 하는 경험을 정확히 이해하고 전략적으로 준비했다는 점이다.

여러분도 미리부터 넘볼 수 없는 분야라고 생각하고 겁부터 먹을 일이 아니라 분석을 통해 가능성을 조금이라도 찾을 수 있다면 도전해 보는 것이 어떨까?

MAIN THEME 1

희망하는 목표취업처 설정 전략 이해하기

직업 또는 직무의 목표를 설정하고 어느 정도 환경적인 분석을 마쳤다면, 이제는 앞에서 배운 구직정보 분석 방법을 바탕으로 본인이 원하는 목표 취업처를 설정해 보도록 하자.

포털사이트분석

채용공고 분석

취업트랜드 분석

위의 그림처럼 목표 취업처 설정에는 포털사이트의 채용공고 분석을 통하여 내가 가고자 하는 취업처의 채용요구 조건을 파악하고, 취업트랜드 분석을 통하여, 채용동향을 파악하여 목표 취업처를 설정하기 위한 정보를 수집했다.

이 정보를 바탕으로 아래의 사항을 검토하여 나에게 맞는 취업처를 선정하면 된다.

1. 가능성의 발견

우선 개인적으로 목표를 이루기 위해 취업시장을 더 면밀히 조사해야 한다. 시장조사를 통해서 취업처가 요구하는 역량, 자격 요건 등에 대해 구체적으로 분석하여 각기 다른 업종의 취업처들을 나름의 기준과 가능성을 바탕으로 희망 취업처 별로 찾아보도록 하자.

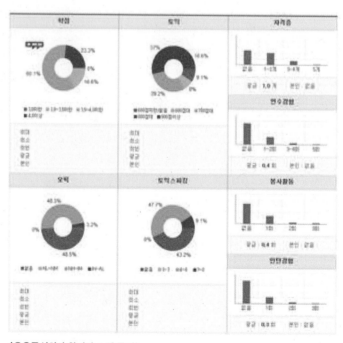

〈○○주식회사 합격자 스펙 통계〉

비슷한 분야(업종)의 취업처들을 하나의 집단으로 묶는 과정으로서 결과는 세분시장 내에서 동질성이 극대화될 수 있도록 선정한다. 가능성 여부에 따라 최우선 지망군, 안정적 지망군으로 나누어 전략적인 접근한다

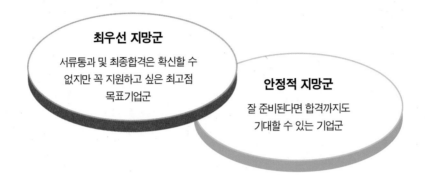

2. 적합성을 통한 세분화 작업

(예시)

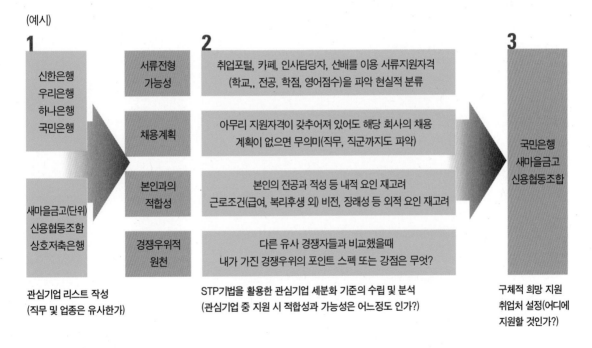

예시와 같이 동직무 유사업종을 중심으로 관심 취업처 군을 설정하고 본인의 특성과의 적합성과 환경요인 분석을 통한 가능성을 기반으로 구체적인 희망 지원 취업처를 선정, 최종 선택 기업 리스트를 확정하는 방법이 일반적인 목표 취업처 설정 전략이다.

NEWS BRIEFING

직장에서 필요한 스펙은 뭔가요?

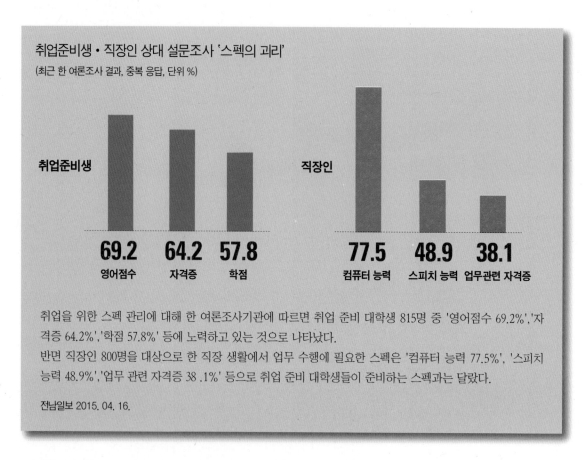

취업준비생 · 직장인 상대 설문조사 '스펙의 괴리'
(최근 한 여론조사 결과, 중복 응답, 단위 %)

취업준비생

69.2	64.2	57.8
영어점수	자격증	학점

직장인

77.5	48.9	38.1
컴퓨터 능력	스피치 능력	업무관련 자격증

취업을 위한 스펙 관리에 대해 한 여론조사기관에 따르면 취업 준비 대학생 815명 중 '영어점수 69.2%', '자격증 64.2%', '학점 57.8%' 등에 노력하고 있는 것으로 나타났다.

반면 직장인 800명을 대상으로 한 직장 생활에서 업무 수행에 필요한 스펙은 '컴퓨터 능력 77.5%', '스피치 능력 48.9%', '업무 관련 자격증 38 .1%' 등으로 취업 준비 대학생들이 준비하는 스펙과는 달랐다.

전남일보 2015. 04. 16.

이제는 스펙의 시대가 가고 역량기반의 채용시대가 왔다

1. 3無(출신학교, 이름, 사진) 대신 역량으로 지원서를 평가한다!
2. 단답식 면접은 더 이상 없다. 이제 심층적인 역량면접이다!

● 단순히 경험만 나열하는 것이 아니라 반드시 지원직무(필요 역량)와 경험을 연관시켜 표현하여야 한다.

● 관련 경험과 역량을 보유하고 있다는 것이 중요한 것이 아니라 그 '수준(level)'이 중요하다. (예를 들어 누구나 문제해결역량이 있다고 말할 것이다. 관련 경험도 있을 것이다. 중요한 것은 그 문제해결역량이 얼마나 높은 수준인가를 평가하는 것이기에 자신의 깊이 있는 역량개발과 경험을 준비해야 한다.)

앞으로 은행원이 되려면 책을 많이 읽고 인문학적 소양을 갖춰야 할 것 같다.

입사 지원서에 자격증 현황, 공모전 및 수상 경력, 동아리 활동, 인턴 경험, 해외연수·교환학생 경력을 적는 난을 없앴다.

대신 '문학·역사·철학 등 인문 분야에 대한 고민과 성찰을 통해 통찰력·상상력·창의력 등을 향상시킨 경험을 쓰라'고 요구한다.

MAIN THEME 2

대학생 경력개발 기초놓기

능력중심사회 구현을 위한 국가직무능력 체계 (NCS) 구축

직업기초능력
직업인이 공통으로 갖추어야할 능력으로 10개 영역 34개 하위영역

직무수행능력
NCS로써 대분류 24개, 중분류 77개, 소분류 277개, 세분류 857개로 체계화

직업능력

참조 : http://www.ncs.go.kr

국가직무능력 체계 (NCS)를 활용한 인재선발 구조

NCS 분류체계와 직무표준정보와 채용직무의 맵핑 - 선발관련 도구 개발

NCS 구성 요소

NCS분류체계
직무 유형 중심의
국가직무능력표준을
단계적으로 구성
- 대분류/중분류/
소분류/세분류

NCS 직무표준정보
- 직무
- 능력단위
- 능력단위요소
- 수행준거
(지식, 기술, 태도)

NCS 직업기초능력
직업인이라면
공통적으로 갖추어야
할 기본 능력

직무프로파일 도출

일 직무내용
(Job description)
"채용/충원이
요구되는 직무 및
직무역할"

사람 직무요건
(Job requirement)
"채용/충원하고자
하는 사람의 요건"

NCS 기반 능력 중심채용 프로세스를 위한 과제수행 범위

채용전형		프로세스 및 주요 활동	산출물
전	모집공고	1. 직무기술서 도출 - 직무 내용/요건 반영 2. 직무기술서 기반 모집 공고문 개재	직무기술서 채용공고
1차전형	서류전형	1. 직무능력 기반 입사지원서 구성 및 배포 2. 입사지원서의 정량적 평가	입사지원서 입사지원서평가 시스템
2차전형	필기전형	1. NCS 직업기초능력기반 필기평가	검사도구 - 직무능력검가 - 직무적합도검사 평가요소
3차전형	면접전형	1. NCS 직업기초능력기반 면접평가 2. NCS 직무 수행능력기반 면접평가	면접주제 및 문항. 평가요소 1) 경험면접 2) 상황면접 3) 발표면접 4) 토론면접

참조 : 노동부 2015 NCS기반 능력중심채용가이드

Check 1	여러분의 사회진출 목표직무, 업종, 취업처(기업)는?
Check 2	사회진출을 위해 준비해 온 자질과 역량 경험들은?
Check 3	사회진출을 위해 준비해 온 것들이 직장에 들어가서 실제 업무를 수행하는데 얼마나 활용할 수 있을까?

> NCS기반의 능력중심채용은 실제 여러분들이 사회진출을 해서 현장에서 바로 활용할 수 있는 **직업능력을 선발기준으로 활용하는** 것을 의미

진로 및 취업 목표/전략 설정 노하우의 변화 필요

〈작업〉 희망업종 및 직무 목표 기반 취업목표 취업처 설정하기

현재의 희망업종과 직무, 그리고 구체적인 희망 취업처에 대해 서술해 보시기 바랍니다.

희망업종	희망직무
선택이유	선택이유

희망 업종 및 직무 고려, 수행/자격요건/직무특성을 파악하는 방법

2가지 방법에 의해 정보를 습득할 수 있습니다.

직무설명 자료확인	• 해당 채용시 배포한 직무 설명자료를 확보하여 확인한다. • 아직 희망기관에서 직무 설명자료를 배포하지 않았다면, 희망기관과 유사한 사업영역을 갖고 있는 기관의 직무 설명자료를 확보하여 확인한다. • 유사 직무를 갖고 있는 기관의 직무 설명자료를 확보하여 확인한다.
기업개요 및 사업영역 확인	• 업종 및 기업 홈페이지에서 게제되어 있는 조직도, 사업영역, 업무분장료, 보도자료 등을 확인하여 업종 특성 직무체계를 파악한다. • 공공기관의 경우 경영정보 공개시스템(ww.alio.go.kr)에서 해당기관의 정보를 확인하여 희망직무의 여부를 확인한다. • 희망직무에 대한 정보를 NCS홈페이지(www.ncs.go.kr)에서 찾아 직무의 자격요건, 직무특성의 정보를 확보한다.

FINALI-ZATION

학년별 경력개발 세부 전략 수립하기

(1) 진로탐색의 과정으로써의 1학년 시기

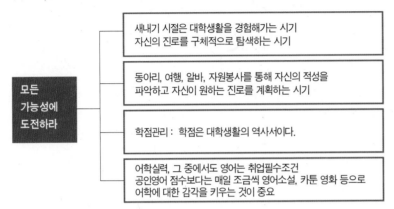

모든
가능성에
도전하라

- 새내기 시절은 대학생활을 경험해가는 시기
  자신의 진로를 구체적으로 탐색하는 시기

- 동아리, 여행, 알바, 자원봉사를 통해 자신의 적성을
  파악하고 자신이 원하는 진로를 계획하는 시기

- 학점관리 : 학점은 대학생활의 역사서이다.

- 어학실력, 그 중에서도 영어는 취업필수조건
  공인영어 점수보다는 매일 조금씩 영어소설, 카툰 영화 등으로
  어학에 대한 감각을 키우는 것이 중요

(2) 진로선택의 과정으로써의 2학년 시기

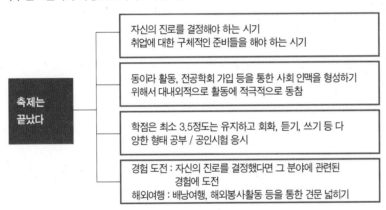

축제는
끝났다

- 자신의 진로를 결정해야 하는 시기
  취업에 대한 구체적인 준비들을 해야 하는 시기

- 동아라 활동, 전공학회 가입 등을 통한 사회 인맥을 형성하기
  위해서 대내외적으로 활동에 적극적으로 동참

- 학점은 최소 3.5정도는 유지하고 회화, 듣기, 쓰기 등 다
  양한 형태 공부 / 공인시험 응시

- 경험 도전 : 자신의 진로를 결정했다면 그 분야에 관련된
  경험에 도전
  해외여행 : 배낭여행, 해외봉사활동 등을 통한 견문 넓히기

(3) 경력관리 과정으로써의 3학년 시기

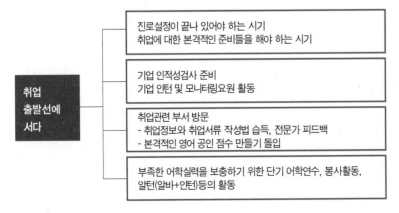

취업
출발선에
서다

- 진로설정이 끝나 있어야 하는 시기
  취업에 대한 본격적인 준비들을 해야 하는 시기

- 기업 인적성검사 준비
  기업 인턴 및 모니터링요원 활동

- 취업관련 부서 방문
  - 취업정보와 취업서류 작성법 습득, 전문가 피드백
  - 본격적인 영어 공인 점수 만들기 돌입

- 부족한 어학실력을 보충하기 위한 단기 어학연수, 봉사활동,
  알턴(알바+인턴)등의 활동

(4) 사회진출 준비 과정으로써의 4학년 시기

준비 끝 기다려라 내가간다	졸업을 앞둔 4학년은 더이상 학생이 아니다. 예비 사회인이라는 마인드를 가지고 취업준비
	직무에 맞는 구직서류 준비 기업의 인재상과 조건 등을 갖춤
	취업스터디 및 영어스터디 그룹 적극적 활동 취업설명회, 박람회 적극적 참가
	희망기업 인턴사원 도전 (경력인정 및 해당기업에 지원할 경우 가산점 부여)

대학에서의 학년별 경력개발 노하우

	주안점	전공 관련 활동	외국어 역량(영어)	직무관련 경험 스펙
1	다양한 것을 해보면서 적성에 맞는 직무를 파악하자	공학은 탄탄한 기초지식이 중요! 대학생이 된 기쁨도 크겠지만 1학년 때 성적도 중요하다는 점을 염두에 두자	모의토익 등으로 내 수준을 파악하자. 수능 영어와는 또다르다. 나에게 맞는 영어공부 방법을 찾는 것도 중요.	특정 분야에 국한하지 말고 다양한 아이디어 공모전에 참여해 보자
2	학점 관리에 신경 쓰며 전공 관련 지식을 쌓자	아직은 기본기를 다질 때	지의적으로 토익 등 영어능력시험에 응시해서 감각을 익히자. 해외 어학연수나 배낭여행을 떠나는 것도 추천	해외탐방이나 문화답사, 대장정 같은 경험 중심의 공모전에 도전하는 것도 좋다.
3	취업목표 기업을 정하자. 구체적인 취업준비 시작	관련 인턴십 프로그램이나 연구소에서 일할 수 있는 기회를 찾아보자. 인턴십 경험이나 연구소 근무 경험은 최고의 무기가 된다.	영어 회화능력 집중 향상(오픽, 토익, 스피킹 등) 학원 수강이나 스터디그룹 등 회화공부	취업이나 진로에 도움이 되는 전공 관련 분야 공모전에 도전해보자.
4	'취업 전투 모드'로 돌입 취업정보 수집	면접 등 취업 관련 강의 및 특강을 꼼꼼하게 챙겨 듣자	어학 시험에 자주 응시해 최고 점수를 확보하자. 영어 변접 준비에 집중, 영어 PT, 비스니스 영어회와 준비	입사특전 및 가산점 등 취업에 직접적인 도움을 주는 공모전을 알아보고 도전하자.

Work Sheet 10-01
사회진출 목표 구체화하기

사회진출의 핵심은 명확하고도 정확한 동직무 유사업종의 타깃을 사전에 설정하고, 이를 수준별로 분류하여 목표를 명확하게 구체화하는데 있습니다. 이에 먼저 아래의 양식에 따라 목표설정 방향을 구체화해 봅시다.

주전공		(희망)복수전공	
나의 타깃 직무		나의 타깃 업종	

	관심취업처(업종)	지원분야(직무)	지원희망 사유
예시	제일기획(광고)	광고 마케팅	전공 일치 및 관련 기업 중 시스템 최고, 경험 스펙 강조 기업으로 현재 내 스펙으로 접근 유리
최추선 지망군			
안정적 지망군			

Work Sheet 10-02

나의 대학생활 점검하기

저학년 시기부터 미래를 준비하면 대학생활이 즐겁고 평생이 편해진다는 이야기가 있습니다. 즐길 줄 알면서도 현명하게 미래를 준비하는 플랜을 짜기 위해 학점, 자격증 및 전공·직무관련 경험, 대인관계 등의 자신의 현재 상태에서 경력을 점검해보고 미흡하다면 어떻게 개선해 나갈지를 작성해 봅시다.

예시) 22세, 이공계 대학 2학년

항 목	현재 상태	Up - Grade!!!
학점관리 & 학교생활	학점관리나, 전공과 관련한 경력관리에 대해 현재 상황은?	미흡하다면 개선방안을 적어봅시다
	학점 : 3.4 토익 : 590	목표학점 : 3.7 토익 : 700
	학교나 학과 행사, 동아리 활동에 참가한 경험을 적어보세요	미흡하다면 개선방안을 적어봅시다
	사물놀이 동아리	대부분이 술 먹고 놀기만 한다. 영어스터디 동아리에 가입해야겠다.
자격증 & 외국어	자신의 전공과 관련한 다양한 분야의 자격정보들을 탐색해 본적이 있나요?	부족하다면 앞으로 계획은?
	없다. 선배들에게 듣는다	취업팀 방문 취업사이트 정보 수집
	자격증 취득이나 외국어능력 향상을 위해 노력한 적이 있나요?	부족하다면 앞으로 계획은?
	1주일 2시간 토익학원	토익공부 4시간 건축기사 자격증 공부 2시간
전공·직무관련 경험 / 기타 경험	전공 관련 분야에 대한 경험을 할 수 있는 경로를 얼마나 알고 있나요?	부족하다면 앞으로 계획은?
	없다.	선배, 교수들을 통해 정보 수집 방학기간 알바
	최근 봉사활동에 참가한 적이 있나요?	부족하다면 앞으로 계획은?
	고등학교 서클활동 중 양로원방문	지역복지관 또는 친구들과 함께 복지관방문 예정
대인관계	생각나는 교수님, 선후배, 친구, 지인들의 이름을 적어보세요	인맥을 확장할 방법을 찾아봅시다.
	교수님 : 최○○교수님 선배 : 김○○,홍○○,최○○ 친구 : 김○○외 5명 정도	전공 관련 교수님 면담신청 취업한 선배 찾기
	진로나 취업과 관련한 고민을 주로 누구와 어떻게 풀어가나요?	효과적인 맨토를 찾아봅시다.
	친구	교수, 취업팀상담선생님, 선배

나의 대학생활 점검표

항 목	현재 상태	Up - Grade!!!
학점관리 & 학교생활	학점관리나, 전공과 관련한 경력관리에 대해 현재 상황은?	미흡하다면 개선방안을 적어봅시다
	학교나 학과 행사, 동아리 활동에 참가한 경험을 적어보세요	미흡하다면 개선방안을 적어봅시다
자격증 & 외국어	자신의 전공과 관련한 다양한 분야의 자격정보들을 탐색해 본적이 있나요?	부족하다면 앞으로 계획은?
	자격증 취득이나 외국어능력 향상을 위해 노력한 적이 있나요?	부족하다면 앞으로 계획은?
전공 · 직무관련 경험 기타 경험	전공 관련 분야에 대한 경험을 할 수 있는 경로를 얼마나 알고 있나요?	부족하다면 앞으로 계획은?
	직무관련 경험 혹은 기타 다양한 경험을 할 수 있는 경로를 얼마나 알고 있나요?	부족하다면 앞으로 계획은?
대인관계	생각나는 교수님, 선후배, 친구, 지인들의 이름을 적어보세요	인맥을 확장할 방법을 찾아봅시다.
	진로나 취업과 관련한 고민을 주로 누구와 어떻게 풀어가나요?	효과적인 맨토를 찾아봅시다.

11

경력개발계획
실천전략 수립하기

SECTION INTRO

스펙초월 채용 시대...서류에 표현하기 어려운 나만의 경쟁력을 드러내야...

최근 기업들 사이에 스펙 중심의 평가에서 벗어나려는 움직임이 확산되고 있다. LG그룹은 이력서에 가족사항, 인턴, 봉사활동, 어학성적, 해외경험, 수상경력란을 삭제하고 어학성적과 자격증도 필요한 직무에 한해서만 입력하도록 했다. KT와 SK텔레콤, 기업은행 등은 오디션이나 프리젠테이션으로 서류전형을 대체하는 방식을 도입하기도 했다. 최근 도입되고 있는 채용방식인 오디션 채용을 통해 입사한 A씨(지방대 정보통신학과 졸업, 학점 4.4점, 전공 관련 자격증 2개, 토익 750점 – "해외 연수, 수상경력, 인턴활동 경험 등이 없어 스스로 주눅 들 때도 많았다"고 밝힘)와 B씨(서울 소재 대학 경영학과 졸업, 학점 3.8점, 토익 880점 – 해외 연수나 공모전 수상 경험 등은 전혀 없음 "기업 50여군데 지원했지만 서류 합격률은 20%도 채 안됐다"고 밝힘)

A씨는 "대학시절 남들이 다 쫓는 스펙이 아니라 내가 중요하다고 판단했던 것들에 집중했고 면접관들이 이를 알아봐준 것 같다"면서 "서류에 쓰인 숫자 하나, 문구 한줄로는 나를 표현하는 데 한계가 있었다"고 말했다. A씨는 "취업준비생들이 보통 50~100개의 자기소개서를 쓰지만 내용이 대부분 같다"면서 "이동통신사에서 일하는 것이 내 꿈이었기 때문에 그에 필요한 정보통신학 전공과 자격증 공부에 시간을 쏟았다. 오디션에서 정확히 이 회사에서 일하기 위해 어떤 준비를 했는지를 어필했다"고 말했다. B씨의 경우 원체 휴대폰에 관심이 많았다. 지인들이 휴대폰을 교체할 때 자문을 구할 정도였다. 그는 평소 휴대폰에 관해 갖고 있던 관심과 정보를 모두 쏟아냈다. 2~3분에 불과한 시간이었지만 면접관들은 그를 알아보

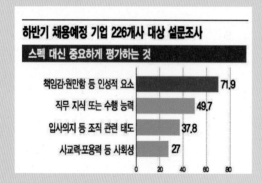

았다. B씨는 "최종합격 후 연수원을 차석으로 수료했다. 해외 유수대학을 나온 동기들이 많았지만 회사가 원한 건 스펙만은 아닌 것 같았다"고 말했다.

오디션 채용 합격자인 A씨는 "특이한 경험이 있어야만 이색채용에 유리할 거라고들 생각하지만 자신에게 의미 있는 경험이 회사에서 어떻게 쓰일 수 있을지 잘 어필하는 게 중요하다"면서 "이색채용에 대한 편견을 깨야 한다"고 조언했다.

아시아경제 2014. 09. 18. 기사 중 발췌

위의 기사에서 확인할 수 있듯이 요즘은 이른바 스펙초월 채용의 시대이다. 예전에는 정략적으로 평가가 가능한 학점, 외국어 능력, 자격증 등을 통해 신입사원 선발 전형을 진행 해왔다면, 서류와 면접으로 대변되는 예전 전형 방법부터 정량적으로 평가하기 어려운 정성적인 부분까지 평가할 수 있는 다양한 방법들이 동원되는 현실이다.

이런 상황에서 사회진출을 준비하는 대학생들은 확실한 준비방법을 몰라 당황하고 있으며, 이런 난국을 누군가의 조언도 없이 혼자서 헤쳐나가기 버거워 한다.

아무리 어려워도 헤쳐나갈 방법은 있는 법!

나만의 전략으로 변화하는 환경에 잘 적응할 수 있도록 계획을 수립하고, 실천에 옮길 수 있도록 노력해 보자.

NEWS BRIEFING

'스펙 타파' 기업 만족도 높아

스펙의 중요도를 낮춘 기업들의 채용결과에 대한 만족도는 어떨까. 온라인 취업포털 사람인 관계자는 "스펙타파 채용방식의 결과에 기업의 만족도가 높다"며 "스펙 탈출 채용이 확산되면서 기업들이 원하는 인재상을 찾는 확률이 높아졌다"고 말했다. 사람인이 올 상반기 신입 채용 계획이 있는 기업 285개사를 대상으로 '스펙중심의 채용전형 변화 계획'을 조사한 결과 절반에 가까운 44.2%가 '스펙중심 채용에서 벗어나도록 변화를 줄 것'이라고 답했다. 스펙중심의 채용방식에서 벗어나려는 이유를 묻는 질문에는 '인재상에 부합하는 인재를 뽑기 위해서'(45.2%, 복수응답)를 첫 번째로 꼽았다. '고스펙과 직무능력은 관계 없어서'(33.3%), '스펙만으로 지원자를 세세히 파악하기 부족해서'(26.2%) 등이 뒤를 이었다.

스펙중심의 채용방식에서 벗어나려는 이유 (단위 %)

인재상에 부합하는 인재를 뽑기 위해서	45.2
고스펙과 직무능력은 관계 없어서	33.3
스펙만으로 지원자를 세세히 파악하기 부족해서	26.2

채용 평가 시 스펙을 중점적으로 보는지를 묻는 질문에는 81.9%가 '아니다'라고 응답했으며 그 이유로 '스펙만으로 검증 못하는 게 있어서'(49.7%, 복수응답)를 첫 번째로 꼽았다. 다음은 '인재상 부합 등 다른 기준이 중요해서'(37.3%), '스펙의 변별력이 떨어져서'(17.8%) 등이 뒤를 이었다. 스펙 대신 중요하게 평가하는 것으로는 '책임감, 원만함 등 인성적 요소'(71.9%, 복수응답), '직무 지식 또는 수행 능력'(49.7%) 등을 꼽았다.

채용평가 시 스펙 중점으로 안보는 이유 (단위 %)

스펙만으로 검증 못하는 게 있어서	49.7
인재상부합 등 다른 기준이 중요해서	37.3
스펙의 변별력이 떨어져서	17.8

(아시아경제 2014. 09. 18. 기사 일부 발췌)

위의 기사에서 보듯이 스펙 탈출 방식의 채용이 늘어나면서 기업 입장에서는 적재적소에 인재를 배치하는 효과가 있고 구직자들에게는 쓸데없는 스펙을 쌓느라 시간을 허비하는 일이 줄어들게 되기를 기대하고 있다.

대학생활 중 꼭 갖추어야 할 것들

Design me

나만의 취업전략 및 목표설정

공통역량 계발(공통Spec관리)
대학, 학점, 토익 및 영어 말하기, 컴퓨터 역량 자격증, 한자, 제2외국어의필요성에 따른 준비

직무역량 계발(직무Spec관리)
전공 또는 직무관련 자격증, 산학협력 프로그램(인턴십, 특강, 멘토링 등),고내외 관련 프로젝트 경험, 관련 대회 입상

최근 취업의 트렌드 중에는 취업 5종 세트 혹은 많게는 9종 세트 라는 말이 있다. 예전의 출신학교, 학점, 외국어(토익) 이 세 가지를 일컬어 취업 3종 세트라 불리던 것이 더욱 다양한 분야의 준비와 경험이 필수적이라는 의미로 통한다.

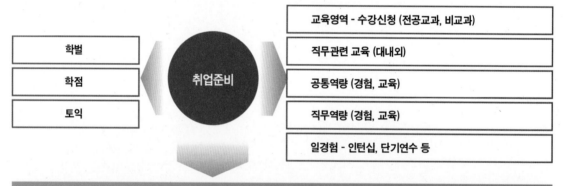

학벌
학점
토익

취업준비

교육영역 - 수강신청 (전공교과, 비교과)
직무관련 교육 (대내외)
공통역량 (경험, 교육)
직무역량 (경험, 교육)
일경험 - 인턴십, 단기연수 등

대학의 간판 그리고 숫자로 매겨지는 외국어 성적 보다는 개인의 준비성과 경쟁력을 평가받는 분위기

이러한 유행어가 생겨난 배경에는 다양한 경험을 통해 위기상황에 순발력을 발휘할 수 있고, 조직 적응력과 팀워크, 고객에 대한 자세, 열정과 자기주도성을 갖춘 입사지원자를 기업이 선호한다는 것을 반증한다고 볼 수 있다. 그렇다고 해서 출신학교에 대한 인센티브와 토익이나 학점을 전혀 고려하지 않는다는 말은 아니다.

대기업이나 중견기업들은 토익점수와 학점을 원서접수 요건으로 제시하고 있고 기준 점수에 미달하면 입사지원 자격 자체가 되지 않기도 한다. 그러나 서류심사를 통과하면 사정이 달라지며, 다양한 경험을 가진 인재, 실전에 유용한 인재, 조직의 공동 가치를 위해 자신을 희생할 준비가 되어있는 인재를 선발하기 위해 다양한 평가 방법을 사용한다.

면접 단계에서 긴박한 상황에서의 순발력, 지원한 분야의 업무이해, 조직 친화력, 신입사원으로서의 포부와 자기 비전을 충분히 피력하고, 글로는 표현하기 어려운 나만의 경쟁력을 가지기 위한 경험들은 저학년 때부터 경력개발을 위한 장기적인 계획을 세우고 접근하는 것이 좋다, 졸업 1년 전에 벼락치기 하듯이 취업준비 하는 사람과 저학년 때부터 계획적으로 접근하는 사람을 비교해 볼 때 준비정도나 양에서 차이가 남은 물론 면접장에서 우열을 가릴 수 있음을 기억하고 대학생활 경력개발계획을 수립해보도록 노력하자.

희망하는 분야의 다양한 경험을 쌓아라.

희망하는 업종이나 분야를 정한 후 그 분야의 경력을 쌓거나 전문가가 되는 것이 중요하다. 인턴십이나 아르바이트를 통한 현장 경험을 쌓는 것도 중요하고, 학교에서 시행하는 방학 중 프로그램인 직장체험 프로그램을 활용하는 것도 좋은 방법 중에 하나일 것이다. 또한 전문분야의 경우에는 자격증 취득 등을 통해 전문가가 되기 위한 노력을 계속하는 것도 키포인트 중 하나일 것이다. 졸업이 임박해서야 그때서 취업을 준비하고 걱정하는 것이 아니라 대학생활을 통하여 꾸준히 정보를 수집하고 준비하면서 아르바이트나 직장체험 프로그램, 중소기업 현장체험, 해외연수, 봉사활동, 동아리활동 등 모든 활동을 취업과 연관시켜 준비하는 자세가 필요하다.

내가 생각하는 나의 핸디캡은 무엇일까?

아래의 자료들을 통해 사회진출을 위해 준비해야할 경력개발 요소들과 이를 준비해야 하는 대학생들의 어려움들을 살펴볼 수 있다. 결국 성공적인 사회진출을 위해서는 넘어서야할 과제이며, 이런 어려움들을 대학생활을 통해 헤쳐나가기 위한 전략적인 경력개발계획이 주요 과제인 것이다.

채용시 가사점 부여 및 우대 항목 (단위 %)

항목	가산점 부여 및 우대	면접시 참조	고려 않음
자격증	42.1	49.6	8.3
영어능력	40.5	43.0	16.5
인턴(업무) 경험	24.8	65.3	9.9
연수	19.9	51.2	28.9
전공지식(학점)	19.0	58.7	22.3

출처 잡코리아

나의 최대 핸디캡은 무엇입니까? (단위 %)

항목	고졸이하	대학원 졸업이상	서울지역 4년제 대학교 졸업
부족한 인맥	17.8	10.0	16.0
부족한 자격증	4.4	0.0	8.6
영어 등 외국어 실력	26.7	50.0	53.1
최종 학력	33.3	0.0	6.2

귀하가 느끼고 있는 '나의 최대 핸디캡'은 무엇입니까? (단위 %)

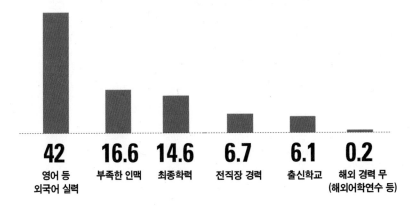

42	16.6	14.6	6.7	6.1	0.2
영어 등 외국어 실력	부족한 인맥	최종학력	전직장 경력	출신학교	해외 경력 무 (해외어학연수 등)

MAIN THEME 2

취업준비의 지름길 - 인턴십 활용하기

최근 취업시장에서 직무관련 경험이 있는 인재가 새로운 취업요건이 되고 있다. 학점이나 자격증, 어학점수만으로는 대학생들의 실력 검증이 어려워지고 있어 실무경험을 요구하는 것이다. 인턴제도는 주로 '업무보조'라는 인식이 많았으나 요즘 들어서는 기업도 실무를 체험하는 방식으로 전환되고 있어 경력개발에 효과적인 방법이라 할 수 있다. 인턴은 회사나 단체에서 일하면서 실습을 통해 경험을 쌓고 영어나 외국어 능력을 향상시키기 위한 프로그램으로 보통 대학 졸업 전, 사회에 대한 적응력을 높이고 전공과 관련된 일에 대한 이해를 돕는데 목적을 두고 만들어졌다.

인턴십이 뜨는 이유

기업과 학생들의 입장을 모두 고려했을 때 기업은 바로 현장에 투입이 가능한 신입을 뽑고자 하고 학생들의 경우 정규직으로 채용되기를 희망한다. 이러한 조건을 모두 충족시킬 수 있는 것이 인턴십 제도라고 볼 수 있다. 또한 기업에서는 많은 스펙보다는 오히려 현장에서 활용 가능한 실무경험이나 사회 경험을 가지고 있는 지원자들을 원한다.

인턴십이 도움이 되는 이유와 장점

업종/직무 선 경험 〉 업무와 적성 파악 〉 나의 목표 구체화

최근 취업에 대한 관심이 고학년을 떠나 저학년으로 확대되고 있는 지금 단순한 학과 수업과 자격증, 외국어 점수에만 시간을 투자할 것이 아니라 앞으로 자신이 지원하고자 하는 분야에 대한 경험을 통해 기본적인 업무능력을 점검해 볼 필요가 있다.

명확한 진로선택의 확인

인턴십 경험을 가지고 있다고 무조건 취업이 잘 되는 것은 결코 아니다. 다만 인턴십 경험을 통해서 자신의 진로계획에 따른 목표직무나 생각해 놓았던 업종내에서 기본적인 업무 수행능력을 파악하거나 부족한 부분을 미리 파악하여 준비할 수 있다는 점에서 다시 한번 사회진출에 대한 확인이 가능하다. 또한 최근 기업들 사이에서는 인턴십 경험을 가지고 있는 지원자들에게 신규 채용 시 가산점을 부여하는 기업들도 점차 늘어나는 추세이므로 저학년 시기부터 꾸준히 인턴십 경험을 관리하는 것 또한 사회진출을 위한 준비단계의 중요한 요소라고 할 수 있다.

부지런한 대학생활

인턴십에 지원하기 위해서는 대학생활에서 늘 부지런한 모습을 보여 주어야 한다. 학과 공부는 물론 취업준비와 인턴십에 필요한 지원 자격 또한 갖추어야하기 때문이다. 대부분의 인턴십은 재학생을 대상으로 한다. 또한 방학기간 중에 이루어지는 인턴십이 많기 때문에 방학 전에 뽑는 것이 일반적이다. 그러므로 평소 관심을 가지고 있는 기업의 인턴 채용공고나 모집요강 등을 꼼꼼히 살펴볼 필요가 있다. 또한 대부분의 인턴사원들에게는 컴퓨터 활용능력을 기본적으로 요구하므로 컴퓨터 활용능력과 같은 기본적인 능력은 평소에 차근차근 쌓아놓을 필요가 있다.

인턴십의 유형

(1) 기업자체 인턴 프로그램

다국적 기업이나 국내 대기업들은 학기중이나 방학기간을 이용해 졸업예정자들의 지원을 받아서 서류와 면접 전형을 통해 인턴을 선발하므로 평소에 관심 있었던 기업이나 업종의 인턴 모집공고를 정기적으로 살펴보아야 한다.

(2) 정부인턴 프로그램

정부에서 운영하는 인턴프로그램 규모는 작아도 경쟁력을 갖춘 중소기업, 정부기관 및 산하기관 위주로 운영되며, 정규직 전환 지원프로그램이 함께 마련되어 있어 정규직 취업기회가 넓게 열려 있는 편이다.

	기업주관 인턴	정부주관 인턴
선발기준	졸업예정자 또는 졸업자	졸업예정자 또는 졸업자
기업형태	대기업, 다국적 기업	유망 중소기업
신청방법 및 채용 절차	신청 - 인턴십 채용기업에 직접 지원 채용절차 서류, 면접 전형	신청 - 인턴십 운영기관에 지원분야 신청 채용절차 운영기관 대사자 선정 - 기업매칭 - 서류 면접

(3) 해외 인턴십

국내 대학생 및 청년층에게 다양한 취업 실무경험의 기회를 제공함으로써 전문능력을 개발케 하여 글로벌 감각을 갖춘 인재를 양성하는데 목적이 있으며 외국 기업의 문화와 언어 등의 학습을 통해 창의적이고 자기주도적인 인재가 되기 위해 많은 학생들이 해외 인턴십에 도전한다. 해외 인턴십을 위해서는 우선 외국어능력이 기본적으로 갖추어야하며 국내 인턴십과 마찬가지로 기업에 대한 관심과 꼼꼼한 자료수집이 필요하다.

특히 한국산업인력공단에서 운영하는 월드잡(www.world.or.kr) 등의 해외취업지원사이트를 통해 해외취업 및 연수에 관한 지원방법, 절차, 자격요건, 해외채용정보 등을 자세히 살펴 볼 수 있다.

11

직장체험 프로그램 및 연수 맛보기

고용노동부의 청년직장체험프로그램은 대학생들에게 직장체험을 통하여 다양한 직업탐색 및 현장경험 욕구를 충족시키고 진로 선택의 기회를 제공하는 프로그램이다. 하지만 인턴십과는 다르게 1일 8시간, 1주 40시간을 초과하여 근무 할 수 없다. 이는 청년직장체험 참여자를 근로자 신분으로 보지 않고 연수생 신분으로 구분하고 청년직장체험프로그램의 원래 취지인 진로 탐색과 경력형성의 기회를 제공하기 위함이다.

(1) 어디서 어떻게 신청하나요?

청년직장체험은 워크넷(www.work.go.kr/experi) 청년직장체험 홈페이지 통해 신청 가능하며 운영기관을 확인할 수 있다. 청년직장체험의 운영기관은 자신이 속한 대학도 포함될 수 있으니 취업관련부서를 통해서도 확인이 가능하다.

청년직장체험 프로그램 참가 과정		
회원가입	워크넷에 개인회원으로 가입후 로그인	
연수등록	연수행 신청 메뉴 클릭 연수신청을 하기 전에 연수등록을 먼저 해야함 / 기본정보 입력	
연수신청	연수등록 후 신청버튼을 눌로 양식에 맞게 원하는 직종 및 지역 입력 연수인증기관은 신청기관 목록 참조	
선발	인증받은 연수신청자에 한해 선발될 때까지 운영기관에 업체 알선	
연수시설	선발 통보를 받은 자는 연수약정 체결 후 해당기업에 가서 일정에 맞게 연수 실시	

(2) 어떤 혜택이 있나요?

청년직장체험 참가자는 교통비와 중식비등을 포함한 월 40만원의 연수수당을 받을 수 있으며 연수수료생에게는 고용노동부에서 '연수인증서'를 발급받아 취업경쟁력 강화에도 도움이 된다. 또한 일부 대학에서는 학칙에 따라 학점으로도 인정이 가능하므로 사회경험과 경력개발이 동시에 가능한 아주 유용한 프로그램이다.

또 다른 열정의 표현 - 각 종 공모전

기업 이미지 제고와 우수인력 확보를 위해 기업주최 공모전과 정부기관 주최 공모전 등 다양한 공모전포스터를 확인할 수 있다. 대학생들의 입장에서는 공모전을 통해 경력개발과 동시에 취업에 긍정적인 요인으로 작용하기에 적극적으로 활용할 필요성이 있다.

하지만 공모전 도전에도 전략이 필요하다. 학기 중에는 학업, 어학공부, 동아리활동 등으로 바쁜 시기이므로 비교적 쉽고 가벼운 공모전에 도전하고 방학시기에는 친구들과 함께 아이템을 가지고 다소 시간이 소요되더라도 장기프로젝트에 도전해 보도록 하자.

뿐만 아니라 공모전 전문사이트 방문을 통해 분야주제별, 응모대상자, 공모주체별로 다양한 정보를 활용하는 것도 공모전 수상에 한 발 다가서는 방법이다.

공모전 사이트

씽유 : www.thinkuniv.com

알바인 : www.albain.co.kr

영삼성라이프 : www.youngsamsunglife.com

캠퍼스 몬 : www.campusmon.com

디자인서커스 : www.designcircus.co.kr

동아리 200% 활용하기

매 학기 초 교정을 가득 매운 동아리 광고는 우리들의 마음을 항상 들뜨게 하기에 충분하다. '같은 뜻을 가지고 모여서 한패를 이룬 무리'라는 뜻의 순 우리말인 동아리는 말 그대로 취미와 관심사가 같은 사람들이 모여 만든 모임으로 대학생활을 하는데 가장 큰 영향력을 발휘난 모임 중 하나이다. 배고프고, 술 고프고, 사람 고플 때 만 동아리를 활용하지 말고 이제 나의 경력개발을 위해서도 활용해보도록 하자.

FINALI-ZATION

경력개발 계획에 따른 실천계획 수립하기

___

경력개발 계획에 따른 실천계획 수립을 위한 차이(GAP)분석하기

사회진출 목표설정과 목표에 따른 필요역량 파악, 역량개발을 위한 경력개발 방법이 구체적으로 정해졌다면 이제 현재 나의 모습과 희망하는 사회진물 분야에서 요구하는 나의 모습과의 차이를 발견하고 이를 통해 드러난 차이점들에서 GAP을 찾아 이것을 줄여 나간다면, 우리가 바라는 사회진출 목표는 이루어 질 것이다.

차이(GAP)분석을 통해 드러난 부분의 보완방법 찾기

위의 분석방법을 통해 드러난 차이를 줄이기 위해서 어떻게 노력을 하여야 하는지 알아보도록 하자.
첫 번째 학점은 말하지 않아도 본인들이 더 잘 알고 있을 것이라고 생각한다. 직장인의 본분은 일을 열심히 하는 것이라면, 학생의 본분은 공부라는 것을 성실함을 나타낼 수 있을 것이다.

두 번째로 어학능력이다. 어학능력은 최근 들어서 단순한 토익점수 보다는 토익스피킹이나 오픽 등 회화능력을 강조하고 있다. 그리고 기업마다 원하는 평가의 종류가 다르다는 것, 기업의 사업부분 중 해외 진출국에 따라 우대하는 제2외국어가 있다는 것을 잘 알고 접근하였으면 한다.

세 번째로 자격증이다. 자격증은 자신이 지원하는 직무와 업종에 따라 다르게 정리할 수 있을 것이다. 그래서 필수 자격증이 무엇인지, 우대자격증이 무엇인지 바르게 알고 접근해야 한다. 그리고 자격증 준비에 가장 많이 실수 하는 경우가 바로 자격증의 준비사항과 시험 일자를 정확하게 알지 못해 준비한 날 시험을 치르지 못하고 다음 시험을 준비하는 경우가 있다. 시험이 자주 있다면 큰 지장이 없겠지만, 1년에 1~2회 정도의 기회가 있는 시험이라면, 취업 재수생이 되기도 한다. 시험일과 준비사항을 바로 알고 미리 준비할 수 있도록 하자

네 번째로 경험사항이다. 인턴, 봉사활동, 공모전, 해외 연수, 동아리 활동, 기업의 모니터링 요원 등 다양한 대외 적인 경험등이 그것일 것이다. 최근 기업에서는 학과 생활을 바탕으로 대외적인 활동을 통해 많은 사회적 경험을 해본 지원자를 원하는 경향이 있다. 이점에서 자신의 대외적 경험역량을 어떻게 개발 할 것인지 실천계획을 잘 세워야 할 것이다.

SMART기법을 활용한 실천계획 수립하기

우리는 항상 년 초 또는 어떤 목표가 정해지면, 계획을 세우고 그 목표에 달성하기 위해 노력을 하지만, 결과는 좋지 못한 경우가 많다 그 이유는 중 가장 큰 이유는 바로 목표설정 단계에서 구체적이지 않게 계획을 수립하였기 때문일 것이다.

본인 스스로 목표를 달성하기 위해 계획을 세웠지만, 좀 더 구체적일 필요가 있을 것이다. 이러한 구체적 계획을 위해서 많이 사용하는 방법 중 하나가 바로 SMART기법 활용한 방법이다. 그럼 SMART 기법이 무엇인지 알아보고 나의 계획을 좀 더 구체적으로 수립해보도록 하자.

계획 수립에서의 SMART기법이란 목표를 향한 계획이 Specific(구체적이어야) 하며, Measurable(측정 가능하여야) 하며, Attainable & Action-oriented(달성가능 하고 행동 중심적이어야) 하고 Realistic & Result Oriented(현실적이고 결과 지향적이어야) 하며, Timely & Time bounded(시기적절하고 시간 제한적이어야) 한다는 의미이다. 이런 다섯 가지의 원칙에 의해 설정된 구체적인 계획은 목표로 이끄는 지도이며 설계도가 되기 때문에 매우 전략적이고 체계적이어서 실현될 가능성이 매우 높다.

아래의 그림은 영어 학습을 실천목표로 하여 SMART기법에 따라 세운 계획 예시이다.

과제	내용	예시: 영어공부
S Specific 구체적인 목표 설정	목표는 자신 뿐만 아니라 타인도 명확히 알 수 있도록 상세하고 초점이 정확	1)영어공부를 한다. 2) 영어학원에 다닌다. 영어학원에서 영어공부를 위해 토익과정을 수강한다.
M Measurable 측정 가능한 목표를 설정	목표가 측정 가능하지 않으면 목표 달성여부, 진척 정도, 노력 정도 등이 평가되지 않음, 목표는 관창가 능하며 계량화 할 수 있어야 함.	영어토익 점수를 작년 점수보다 올해 20% 향상 시킨다.
A Action-Oriented 행동지향적 목표	나의 능력과 열정을 가지고 달성할 수 있는 현실적이고 실제적인 목표를 말함	영어 토익 점수를 지금 점수인 700점에서 800점으로 올린다.
R Realistic 목표의 실현 가능 여부 점검	목표에 따라 수립되는 활동과 행동들은 달성할 결과에 촛점을 두어야 함	토익 점수 100점 향상을 위해서 매일 새벽 1시간씩 영어학원에서 토익과정 수강 취침전 영어단어 10개 이상 외우기 예상되는 걸림돌 : 나태함, 비합리적 사고
T Timely 정확한 목표달성 기간 설정	시간 제한이 없는 목표는 성취하지 못할 가능성이 큼. 목표 달성시한을 설정하여 평가해 보아야 함	영어 토익 점수 20%향상을 위한 노력의 기간은 2010.6.1~2010..12.31까지 하기로 함

Work Sheet 11-01

희망 이력서 작성하기

GΛP 분석을 위한 희망이력서 작성

대학생활 경력개발을 통해 졸업시 꼭 가지고 싶은 희망 이력서를 미리 작성해 봅시다. 이때 기준은 내가 제일 가고 싶은 취업처에 합격 가능한 이력내용을 수업시간에 배운 탐색 방법으로 탐색해보고, 작성하시면 됩니다.

아울러 작성시 준비된 이력은 정상적으로 기재하시고 준비하고자 하는 이력은 색깔을 다르게 기재하시기 바랍니다.

지원기업 :		지원 직무 :	
직무관련 교과, 비교과 교육 이수			
기간	주요내용		영역
직무관련 수행과제, 경험			
기간	주요 내용		영역

직무관련 동아리 활동			
기간	상세 내용	활동구분	단체명
기타 활동			
기간	상세 내용	활동구분	단체명

직무관련 자격증			
취득일	자격증 / 면허증	등급	발행처
기타 자격증			
취득일	자격증 / 면허증	등급	발행처

아르바이트, 인턴 등 근무경험		
기간	근무내용	기관

Work Sheet 11-02

GAP 분석과 경력개발계획서

GAP 분석과 경력개발 계획서 작성

희망이력서 작성을 통해 알게 된 대학기간 동안 자신이 해야할 경력개발을 갭과 리스트를 정확히 파악하고, 이를 남은 대학기간 언제 어떻게 완수할 것인지의 나만의 경력개발 플랜을 설정해 보자.

주의사항 1. 너무 무리한 계획은 실현가능성이 낮으므로 실현 가능한 계획을 세워보도록 하자.

주의사항 2. 보완해야 할 사항들 가운데 우선선위를 매겨 급하고 중요한 내용부터 접근해 보자.

1) 대학생활 경력개발 준비 상황 Gap 분석

항목		요구 사항	현재 상태	보완 계획
학력 및 학점				
외국어 능력	토익 관련			
	회화 관련			
제2외국어	외부 검정			
	회화 관련			
자격증	직무 관련			
	사무 관련			
직무 관련 경험 및 일경험 관련				
내・외부 교육 참여				
기타 경험 관련 (교・내외 활동)				

2) GAP 메우기를 위한 나만의 대학생활 경력개발 계획서

시기	구체적 목표	우선순위	실천세부계획	예상되는 장애요인	필수준비사항
2학년 여름방학					
2학년 2학기					
2학년 겨울방학					
3학년 1학기					
3학년 여름방학					
3학년 2학기					
3학년 겨울방학					
4학년 1학기					
4학년 여름방학					

SMART 경력관리 플래닝

방학을 활용한 SMART 경력관리 플래닝

수업을 통해 배웠던 GAP분석을 활용한 경력개발 계획 수립 노하우 및 SMART기법을 활용한 계획수립 방법을 활용하여 이번 여름방학기간 중 실행할 경력개발 플래닝을 작성해 보자.

11

예시) 여름방학을 활용한 외국어(영어) 능력향상을 위한 SMART 플래닝

기간		목표		준비 및 확인 사항
시작월/일	완성월/일			
6/20	09/16	토익성적표 만들기		모의토익을 통해 나의 토익 기초 실력 확인 (610점)
		S	영어학원에 영어공부를 위해 교내 방학기간 토익기초과정을 수강한다.	
		M	영어토익점수를 작년 점수보다 올해 20% 향상 시킨다.	교내 토익강좌 확인 (○○○교재 선정)
		A	영어 토익점수를 610점에서 700점으로 올린다.	
		R	매일 영어단어 20개씩 외운다. / 영어회화 병행한다. 하루 2시간은 도서관에서 준비한다.	토익시험 일정 확인 (9월 16일)
		T	기간을 여름방학과 1학기 초까지로 (12/20-3/16)로 정한다.	

SMART 기법을 활용한 나만의 실천계획 수립

기간				준비 및 확인 사항
시작 월/일	시작 월/일			
		S		
		M		
		A		
		R		
		T		
		S		
		M		
		A		
		R		
		T		
		S		
		M		
		A		
		R		
		T		

12

자기브랜드
구축하기

SECTION INTRO

습관이 인생이 된다.

'세살버릇 여든 간다.', '바늘도둑이 소도둑 된다.' 우리가 어려서부터 부모님께 늘 들어왔던 속담들이며 늘 마음속으로 새겨야 하는 속담들이다. 이런 말들은 괜히 나온 말이 아니다. 습관은 매일매일 우리의 삶을 드러내고, 개인의 성공 혹은 실패를 결정하는데 많은 영향을 끼치기 때문이다. 또한 습관은 반복을 통해 길러지고, 학습을 통해 떨쳐 버릴 수도 있다. 그러나 분명한 것은 습관이라는 것은 짧은 시간에 형성되는 것은 아니라는 것이다.

코끼리는 무엇에 묶여 있는가?

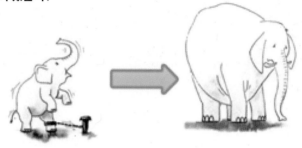

코끼리는 지구상에서 가장 체구가 큰 동물이다. 어미코끼리의 경우 몸무게가 5톤 이상 나간다. 그럼에도 자기 몸무게의 몇 십분의 1에도 못 미치는 사람들에게 길들여져 조종당하며 살고 있다.

어린 코끼리를 우리에 가두고 발에 어느 정도 길이의 굵은 쇠사슬을 묶고 다른 한쪽은 튼튼하고 우람한 나무에 묶어 둔다. 처음에는 어떻게든 쇠사슬에서 벗어나려고 발버둥을 쳐보지만 나무에 묶인 쇠사슬은 꼼짝도 하지 않는다. 어린 코끼리는 발버둥치기를 반복하면서 쇠사슬에서 벗어나는 것이 불가능하다는 사실을 깨닫게 된다. 이 과정을 어느 정도 겪고 시간이 지나면 코끼리는 쇠사슬이 팽팽해지면 더 이상 멀리 가려 하지 않는다. 그리고 어린 코끼리가 다 자라 어른이 되어서 쇠사슬이 아닌 밧줄로 묶어 놓거나 풀어놓았을 때도 코끼리는 도망갈 생각을 하지 않는 다고 한다. 이렇듯 습관은 사람이나 동물들에게나 아주 중요한 요소로 작용한다.

계획만으로 성공하는 사람은 없다. 다시 말하자면 아무리 시간관리 계획을 잘 세우는 사람도, 할 일에 대한 우선순위를 잘 정하는 사람도 계획에서 그치면 소용이 없다는 말이다. 자신이 계획한 것에 대해 실천하고 그것이 올바른 습관이 될 수 있도록 노력해야 성공적인 삶을 살 수 있을 것이다.

NEWS BRIEFING

**"졸업생 여러분, 여러분은 해냈습니다.
그리고 완전히 망했습니다."**

뉴욕 맨해튼 매디슨스퀘어가든에서 열린 뉴욕대(NYU) 예술대 티시(Tisch) 스쿨 졸업식장. 연사로 초청받아 연단에 선 영화배우 로버트 드니로(72·사진)의 첫 마디는 바로 망했다는 독설이었다. 아카데미 남우주연상과 조연상을 받은 개성파 배우의 표정은 진지했다. 그는 계속 독설을 이어나갔다. "치과대, 의대, 비즈니스스쿨 졸업자들은 모두 직업을 얻습니다. 교사도 박봉이긴 하지만 일자리는 얻어요. 하지만 예술을 전공한 여러분의 경우엔 과연 가능할지 의심스럽군요."

그는 졸업생들에게 앞으로 삶이 만만치 않으리라고 예고했다. "여러분은 학교에서 모조리 A만 받는 학생이었습니까? 그렇다면 앞으로 두번 다시 그런 일은 없을 겁니다. 새로운 문이 기다리고 있습니다. 그것은 '평생 좌절'의 문입니다." 그는 졸업생들이 무수한 오디션을 거쳐야 할 것이고, 감독이나 투자자, 혹은 경쟁자들에 의해 수없이 좌절할 것이라고 말했다. 드니로 자신도 오디션에서 수없이 떨어졌다. 각고의 노력에도 자신이 꿈꿨던 배역이 다른 사람에게 돌아간 일화도 소개했다. 하지만 그는 이렇게 덧붙였다. "여러분은 뒷면에 '거절'이라는 단어가 적힌 티셔츠를 받게 될 것이지만, 티셔츠 앞에는 '다음(next)'이라는 말이 적혀 있습니다. 이번에 원하는 역할을 맡지 못했더라도, 다음 혹은 다다음 기회가 기다리고 있습니다. 항상 '다음'이라는 단어를 기억하세요. 그리고 실패하더라도 모든 잘못을 여러분 책임으로 돌리지는 마세요. 여러분은 연기로 평가받게 될 것이고, 맡은 역할에 충실했다면 그것으로 족합니다."

중앙일보 2015. 05. 23. 일부 발췌

"졸업!"

대학에 입학한지도 얼마 안 된 여러분에게 생소한 단어일 수 있으나, 조금 있으면 맞이하게 될 필연적이고 숙명과도 같은 단어입니다.

위대한 배우의 졸업식 축사가 이토록 화제가 된 이유는 무엇일까요?

바로 여러분들의 앞에 놓여진 만만치 않은 현실을 직설적으로 표현하고, 내일을 맞이하는 자세가 어때야 하는지를 자신의 경험을 토대로 조언했기 때문일 겁니다.

여러분들은 '거절'과 '실망'이라는 부정적인 평가를 '다음'이라는 기회를 긍정적인 마음으로 준비할 자세가 되어있나요?

변화의 물결을 인지하자.

아주 오래전 지구의 지배자였던 공룡에서 최근의 MP3 플레이어, 두꺼운 백과사전, 필름카메라 등 지금은 사라지거나 우리 주위에서 사라져가는 것 들이다.

우리 주변에서 사라진 것들

이들의 공통점은 무엇일까?

행성의 충돌이나 빙하기 때문에 공룡이 멸종했다는 설은 다양하며, 최근에 혁신적인 제품이라고 나왔지만 반짝 유행하고 사라진 전자기기, 20~30년 동안 한 분야의 전문서적으로 전 세계의 지식을 나열한 백과사전 등...

이들이 아쉽지만 우리 주위에서 사라지고 있거나 사라져버린 이유는 바로 변화를 제대로 인식하지 못했기 때문이다.

백수의 왕 사자와 가젤의 생존 법칙.

매일 아침 아프리카 초원에서 사자도 눈을 뜨고 가젤도 눈을 뜹니다. 본능적인 초원의 생존경쟁이 시작되는 것 입니다.

시속 100Km에 육박하는 달리기 실력을 가진 가젤이지만 사자보다 더 빨리 달리지 않으면 죽는다는 것을 압니다. 그래서 열심히 달립니다.

시속 70Km 정도의 달리기 실력을 가진 사자는 가장 느리게 달리는 가젤보다 빨리 달리지 않으면 굶어 죽으리라는 것을 압니다. 그래서 무리지어 사냥을 합니다.

가젤을 한 곳으로 모는 사자와 길목을 지키는 사자, 직접 가젤을 공격하는 사자 등으로

서로 역할을 분담해서 사냥을 합니다.

그래도 사냥에 실패하는 횟수가 성공하는 횟수 보다 훨씬 많습니다.

백수의 왕이라는 사자의 생존률은 10% 정도 밖에 되지 않으며, 굶어 죽는 사자가 70%에 이른다는 사실을 알고 계십니까?

한 생물학자는 이런 사자의 생존법칙을 통해 살아남은 사자의 특징을 다음의 네가지로 정리합니다.

1. 살아남은 사자는 관찰력이 뛰어나다.
2. 사냥감에게 접근하는 방식이 다르다.
3. 역할분담과 나름의 전략을 통해 소리 없이 찰나에 덮친다.
4. 사냥에 실패하더라도 다시 도전한다.

이러한 특징을 통해 살아남은 사자는 변화를 인지하는 인지체계와 효과적인 사냥이 가능한 대응체계를 잘 갖추고 있었다는 사실을 밝혀냈습니다.

초원은 아니지만 아침이면 눈을 뜨고 달려야 하는 아프리카 사자와 가젤처럼 학교로 일터로 혹은 다른 곳으로 달려가야만 하는 우리 삶도 크게 다르지 않습니다.

꿈과 목표를 향해 달려가는 나는 과연 주위에서 일어나고 있는 변화를 인지할 민감한 인지체계와 이렇게 빨리 변화하는 환경에 적응할 수 있는 효과적인 대응체계를 갖추고 있을까요?

서번트 리더십

리더십에도 다양한 종류의 리더십이 있다. 그 중에서도 가장 주목할 만 한 것이 바로 서번트(Servant Leadership)리더십이다. 최근 들어 가장 주목을 받고 있는 리더십이기도 하며 이 리더십은 타인을 향한 존중과 배려를 바탕으로 한 리더십이다.

서번트(Servant Leadership)리더십은 기존의 리더십 이론에서 리더가 권위나 힘의 면에서 우위에 있음을 전제하는 것과는 대조적으로 리더가 배려와 섬김의 정신으로 구성원의 아래에 위치하는 것을 강조한다.

서번트 리더십은 대학시기 중 다양한 활동과 사회경험을 통해서 얻을 수 있다. 이러한 경험들을 주도적으로 할 수 있는 대학생 시기야 말로 자신이 가지고 있는 시간과 능력, 기술을 자유롭게 활용할 수 있는 기회다.

시간관리의 필요성

계획만 잔뜩 세워 놓고 번번히 실천에 옮기지 못하는 경우 대부분이 방법을 몰라서 라고 하지만 그게 아니라 명확한 이유가 없기 때문이다.

학기중·방학중 계획을 세워도
실천이 되지 않는 이유

이유

변화되는 것을 느끼지 못한다.
보상이 주어지지 않는다.
힘들고 지친다.

방법

왜 하는지를 명확히 하자
쉬운 계획부터 차근차근
계획부터 제대로

시간관리 노하우

효과적인 시간 관리를 위한
3가지 원책

왜 해야 되는지

정확한 지침

분 단위로
(허비되는 시간을
찾아내자)

1) 왜 해야 하는지(나름의 이유를 정확히 파악하라)

여러분들에게 문자를 보냅니다.
특강이 내일 새벽 6시에 있으니 강당 501호로 모이세요

이럴때 여러분의 반응은?

2) 정확한 지침(SMART기법 계획 설계의 필요성)

12

3) 15분 단위로(허비되는 시간을 찾아내자)

15분	15분	15분	15분
60분			

FINALI-ZATION

효과적인 시간관리 요령 익히기

1. 시간 도둑 잡기

우리는 항상 년 초 또는 어떤 목표가 정해지면 계획을 세우고 그 목표에 달성하기 위해 노력을 한다. 하지만 결과는 좋지 못한 경우가 많다. 그 이유는 바로 목표설정단계에서 구체적이지 않게 계획을 수립하였기 때문일 것이다. 본인 스스로 목표를 달성하기 위해 계획을 세웠지만, 조금 더 구체적일 필요가 있다는 것이다. 계획을 세우기에 앞서 자신이 얼마나 철저하게 시간 관리를 하고 있느냐를 먼저 확인해 보도록 하자.

일생 주기표	
1. 수면시간(1일 8시간 기준)	23년
2. 식사기간	6년
3. 줄서서 기다리는 시간	5년
4. 집안일 이것 저것 하기	2년
5. 자리에 없는 사람 전화 바꿔주기	2년
6. 물건 찾고 택배 기다리기	1년 8개월
7. 신호등 기다리기	6년
합계	**42년 2개월**
(평균수명 70세 기준, 마이클 포티노 조사결과)	

마이클 포티노의 조사 결과에 따르면 우리는 일생동안 많은 일을 하면서 시간을 보낸다. 그 중에서도 특별하게 무언가를 하는 시간 보다 허무하게 지나가는 시간들이 많다. 만약 신호등을 기다리면서 6개월이라는 시간을 한꺼번에 기다려야 한다면 기분이 어떨까? 또는 1년 8개월 동안 택배를 기다려야 한다면 참고 기다릴 수 있을까? 이러한 시간들은 분명히 계획을 세우는 것에는 포함이 되지 않을 것이다. 하지만 시간은 야속하게도 흘러가고 있을 것이다. 그렇다면 불필요하게 낭비되는 시간만 줄일 수 있다면 보다 효율적인 삶을 살 수 있지 않을까 하는 생각이 든다. 특히 젊음과 낭만이 가득한 20대의 대학생활 중에 신호등이나 택배를 기다리면서 낭비하고 있는 시간이 있다면 더욱 가슴이 아플 것 같다. 그렇다면 지금 내가 낭비하고 있는 시간이 있는지 있다면 그 시간을 어떻게 활용하면 좋을지에 대해 생각해 보도록 하자

〈작업〉시간도둑 잡기

당신의 시간 도둑을 적어 보고 그 도둑을 잡으려면 어떻게 해야 할지 생각해 보자

시간도둑	생각나는 원인	해결법, 아이디어
통학시간	학교와 집이 너무 멀어서 길에서 이동 시간이 너무 오래 걸린다.	책이나 신문을 읽는다. 영어공부를 한다(토익 L/C)
정보검색	시작은 정보검색 ~ 끝은 인터넷 쇼핑	알람 설정을 통해 정보검색 시간 관리

당신의 시간 도둑을 적어 보고 그 도둑을 잡으려면 어떻게 해야 할지 생각해 보자

시간도둑	생각나는 원인	해결법, 아이디어

2. 우선순위 정하기

보통 사람들은 크게 3종류의 일을 하며 하루를 보낸다. 생산적인 활동(공부, 학원, 신문읽기, 정보탐색 등의 시간)과 일상을 유지하는 활동(식사, 몸치장, 통학시간, 청소, 쇼핑 등의 시간), 나를 위한 활동(대인관계, TV, 취미활동, 시체놀이, 데이트, 고민 등의 시간)이 대표적이라고 할 수 있다. 하루 24시간을 일상을 유지하거나 여가를 즐기고 생산적 활동을 하는데 시간을 보내는 것이다. 만약 자신이 하루 중 여가를 위한 시간에 10시간 이상을 보내고 있다면, 미래의 여가 시간을 미리 앞당겨 쓰고 있기 때문에 앞으로 여가 시간은 계속 줄고 생산적 활동에 투입해야 할 시간은 더욱 많아지고 있다는 것을 알아야 한다. 그렇다고 생산적 활동에만 젊음을 투자하라는 것은 아니다. 다만 얼마나 적절하게 여가시간과 생산적 활동에 소요되는 시간을 관리하느냐가 관건이다.

(이미지출처: hermoney.tistory.com)

예를 들자면, 창고가 물건을 쌓아둘 수 있는 제한된 공간이라면, 우리의 시간도 제한된 공간이라고 할 수 있다. 따라서 시간도 공간을 관리하듯 각각의 구역을 나누고 그 구역에 따라 위치를 정해서 체계적으로 정리할 필요가 있다. 한정된 시간에 해야 할 일들은 한정된 공간에 정리해야 할 물건들과 같다. 버릴 것은 버리고 우선순위와 중요성에 따라 공간의 크기나 위치를 할당해야 시간이라는 공간을 최대한 활용할 수 있다. 늘 허겁지겁 쫓기 듯이 일을 하면서도 해놓은 일이 없는 사람이 있는가 하면 묵묵히 일하면서 여분의 시간을 즐기고도 결과가 좋은 사람들이 있다. 이처럼 우리들도 각자 해야 할 일들의 우선순위를 정해서 효율적인 하루를 보내보도록 하자.

3. 능률곡선 그리기를 활용한 시간관리 요령

이처럼 시간 계획을 세우고 낭비되는 시간을 효율적으로 사용하기 위한 노력을 위해 1%의 시간만 투자해도 나머지 99%의 시간은 통제가 가능해진다. 이것이 시간 지배의 숨겨진 비밀이다. 일단 자신에게 주어진 24시간을 자기 뜻대로 지배할 수 있어야 성공할 수 있다. 시간을 헛되이 흘려보내는 사람은 결코 인생의 주인공이 될 수 없다. 그렇다면 어떻게 하면 시간을 효율적으로 사용할 수 있을까?

> 많은 학생들이 시험기간이 다가오면 아침 일찍부터 밤늦게까지 도서관에서 시간을 보낸다. 그런데 어떤 학생들은 시험이 코앞에 닥쳐도 친구를 만나거나 데이트를 하면서 여유를 부린다. 누가 좋은 성적을 받을까? 물론 전자일 가능성이 크다. 만약 그렇지 않다면 여러분은 마음속으로 무척 억울해 할 것이다. 그러면서 그 친구는 운이 좋거나 머리가 나보다 좋기 때문이라고 생각할지 모른다. 심지어는 부정행위를 했을 것이라고 의심할지도 모른다. 현명한 학생이라면 그 이유를 자신에게서 찾아야 한다.
>
> 많은 시간을 도서관에서 보내지만 시험 결과가 좋지 않게 나오는 데는 이유가 있다.
>
> 오랫동안 도서관에 있는 우리들의 모습을 상상해 보자. 책상 앞에 앉아서 졸거나, 음료수를 마시면서 친구와 잡담을 나누거나, 화장실에 들락거리거나, 딴 생각을 하거나, 중요하지 않은 내용을 읽고 외우는데 많은 시간을 보내고 정작 시험에 필요한 공부는 시험 당일 아침에 하게 된다. 그렇다면 여유를 부리면서 도서관에서 적은 시간을 보내면서도 좋은 성적을 내는 친구들은 어떤 모습일까?
>
> - 저자 이민규 '1%만 바꿔도 인생이 달라진다' 잃어버린 시간을 찾아서 中

해답은 바로 선택과 집중에 있다. 앞서 일의 우선순위를 정하고 시간에 대한 중요성을 알게 되었다면 내가 집중 할 수 있는 시간과 그 시간에 맞는 적절한 일을 구분하여 능률곡선을 만들어 보도록 하자.

〈작업〉 시간 능률곡선 그리기

A 형	B 형	C 형
오늘 반드시 해야 한다	해야 한다	할 수 있으면 한다.
최고로 중요	평균적으로 중요	중요하지 않음
모든 과제의 15%에 불과, 가치에 있어서 65%의 비중	모든 과제의 20%를 차지가치에 있어서 20%의 비중	모든 과제의 65%에 달하나 가치비중은 15%에 불과
스스로 수행 위임불가	전략적으로 계획하고 기한을 정함	위임하거나, 줄이거나 취소함

인간의 평균적인 생산능력곡선

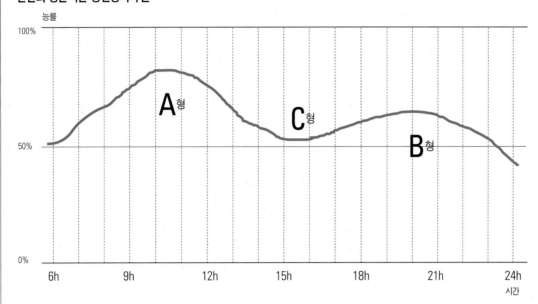

당신 개인의 능률 곡선을 그려 보자

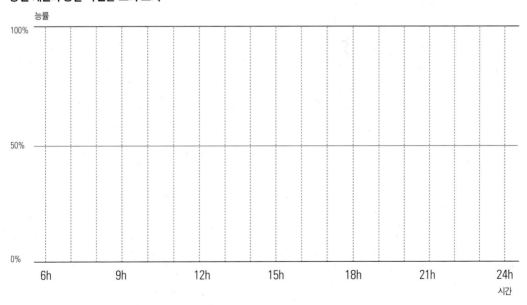

MEMO

MEMO

저자

이형국
경북대학교 대학원 교육학과 상담심리전공 박사
現 상명대학교 교양대학 교수
前 대구한의대학교 재활상담학과 교수

권오관
경북대학교 대학원 교육학 석사(교육심리&상담심리)
現 (주)인재교육연구소 대표이사
前 대구가톨릭대학교 취업경력개발처 산학협력교수

최윤경
경북대학교 대학원 교육학과 상담심리전공 박사
現 영남이공대학교 교수
前 계명문화대학교 진로교육 외래강사

디자인
plus81studios / www.plus81studios.com

역량기반 진로설계
ISBN 979-11-5685-337-4

2015년 9월 1일 초판1쇄 발행
2017년 2월 25일 초판2쇄 발행
저자   이형국, 권오관, 최윤경
펴낸이   임순재
펴낸곳   주식회사 한올출판사

등록 제11-403호
주소   서울시 마포구 모래내로 83 (성산동 한올빌딩 3층)
연락처   t. 02-376-4298 / f.302-8073
홈페이지 www.hanol.co.kr
이메일   hanol@hanol.co.kr

정가   15,000원